Ich liebe Dich und was jetzt ?

Claus Kostka

Ich liebe Dich
und
was jetzt ?

Wege zur lebendigen Partnerschaft

Freiburg im Breisgau
2003

Ich widme dieses Buch meinen Eltern.

Inhalt

Vorwort

Als mich Claus Kostka bat, ein Vorwort für dieses Buch
über Beziehungen zu schreiben, war mein erster Gedanke,
zu erzählen, warum ich dieses Buch wollte. Der zweite Gedanke war, darüber zu diskutieren, warum es gerade dieses
Buch über Zweierbeziehungen braucht, wo doch das Bü-
cherangebot an Lebenshilfen in der Beziehungsnot unüber-
sehbar geworden ist. Ich setzte mich hin und schrieb
schließlich zwei Vorworte, die von dem jeweiligen Grund-
gedanken getragen waren. Aber das war nicht das, was
Claus haben wollte: „Warum schreibst Du nicht darüber,
wie Dich Deine Arbeit mit mir verändert hat. Was schließlich auch zu diesem Buch geführt hat?" „Aber Claus," antwortete ich ihm, „ich kann doch nicht über so etwas Per-
sönliches schreiben." Lachend antwortete er, daß dies doch
kein Problem sei: „Mach' es ruhig persönlich und saftig, es
darf gerne den Konflikt zwischen Deinem ‚Besserwissen'
und den ‚Erkenntnissen Deines Herzens' beinhalten, und
wie Du jetzt damit umgehst."

Und da saß ich dann und sollte der ganzen Welt von meinem „Besserwissen" und den „Erkenntnissen meines Herzens" erzählen. – Es ist gar nicht so leicht, saftig zu werden und darüber zu berichten, was ich kennenlernte, als ich vor fünf Jahren an einer Atemwoche teilnahm. Ich erlebte Claus Kostka, wie er mit einer unglaublichen Hingabe an sein Tun und einer offensichtlich tiefen Liebe zu den Menschen an deren Lebensgeschichten arbeitete. Das veränderte auch meinen Zugang zu meinem Leben und meiner Welt. Nach dieser Woche fing ich an, mit zunehmender Klarheit vieles in meinem Leben zu verändern. Aber das war erst der Anfang. Ich setzte meine Arbeit an mir und mit mir fort. Es folgte ein acht Monate dauerndes Beziehungstraining bei Claus: „Mitten ins Leben". Das konfrontierte mich noch stärker mit mir und mit meiner Sicht auf „Drama", meinen täglichen Alltagstheaterstücken und „in Beziehung sein", also lebendig, wach da sein. Ich kann mich selbst aus der Zeit vor dieser Arbeit kaum beschreiben, da ich mich davor eigentlich gar nicht richtig gespürt oder wahrgenommen hatte. Ich glaubte damals, genau über alles und jeden anderen Bescheid zu wissen und erzählte dies auch jedem, ob er es nun hören wollte oder nicht. Mein vermeintliches Wissen war größer als jedes Lexikon, denn was ich nicht wußte, ergänzte ich so überzeugend aus meiner Phantasie, daß es (nur) scheinbar niemandem auffiel. Ich wußte, wie ich andere kleinmachen konnte, um mich selbst groß zu fühlen. Denn, was niemand wissen durfte, ich fühlte mich innerlich klein – sehr klein – und kam einfach nicht in Kontakt mit mir. Die Arbeit bei Claus half mir schließlich, in Beziehung mit mir zu kommen. Erst jetzt konnte ich bemerken, wie wenig ich bisher die Chance gehabt hatte, Menschen nahe zu sein und wie ich verhinderte, daß mir andere Menschen nahe kommen konnten. Am schmerzlichsten war dies in meiner Ehe der Fall, die sich bereits dem Ende zuneigte.

Eine Erkenntnis meines Herzens wurde diese: Ich darf so sein wie ich bin und muß nicht mehr jemanden spielen. Weg vom Drama, hin zum Leben. Ich arbeitete weiter an mir und setzte das Gelernte zunehmend in meinem Alltag um, als neue, noch sehr unsichere Erfahrung meines Herzens.

Es bewährte sich erstaunlich gut. In dieser Zeit endete zwar meine Ehe, jedoch konnten wir einen neuen Umgang miteinander erarbeiten und nun als Eltern unserer Kinder liebevoll in Beziehung sein. Ohne diese Beziehungsarbeit hätte ich aus der Verletzung meiner vermeintlichen Größe heraus meine Familie zerstört. Doch durch das Wissen, durch die Erfahrungen aus der Arbeit, schafften wir es, als liebevolle Partner (nicht als Liebespaar) zu überleben.

Ich fragte Claus oft, wo ich dazu etwas nachlesen könnte. Aber es gab nichts, außer einen Vortrag von Claus mit dem Titel „Ich liebe Dich und was jetzt?", den man als Mitschnitt kaufen konnte. Das war nicht das, was ich wollte. Und so entstand schließlich aus Elementen des Vortrags und der Arbeit von Claus Kostka dieses Buch. Ich glaube, es enthält ganz viel von dem, was Claus mir über „in Beziehung sein" und – im Gegensatz dazu – „im Drama sein" beigebracht hat. Nein! Es enthält weit mehr, als ich anfangs zu träumen gewagt habe.

Claus Kostka schreibt facetten- und umfangreich über Schwierigkeiten und vor allem Möglichkeiten in unseren Partnerschaften. Er verarbeitet Wissen und Erkenntnisse, die sich aus seiner persönlichen Lebenserfahrung, der Erfahrung aus vielen Jahren helfender und unterstützender Arbeit mit unzähligen Menschen und Einflüssen aus verschiedenen therapeutischen Schulen zusammensetzen.

Es finden sich keine Rezepte, wie man „in zehn Schritten zum Glück zu zweit" kommt. Es finden sich tatsächlich Gedankenanstöße, verblüffende Erklärungen für tägliche Beziehungserfahrungen, anschauliche Beispiele aus dem Alltag und erstaunliche Möglichkeiten, dem langsamen Versanden der Beziehung zu entkommen. Und im Anhang werden einfache, aber wirkungsvolle Übungen verraten, die es in sich haben.

Nicht belehrend, sondern zum Denken anregend, spricht Claus Kostka darüber, wie man als Partner oder Partnerin Nährendes und Schönes in der Zweiheit entstehen lassen kann. Mich hat er vor allem zum Neu-Handeln eingeladen. Die Auseinandersetzung mit dem Inhalt des Buches während seiner Entstehung hat mir die Möglichkeit gegeben, einen gangbaren Weg in meiner Partnerschaft und meinen Beziehungen zu finden, Liebe, Tiefe und Schönheit zu erfahren und zu erschaffen.

Im August 2003
Georg Kühnl

Was haben neun Kühe mit Beziehung zu tun?

Was für eine Frage am Anfang eines Buches über Beziehungen. Ich will dazu eine kleine Geschichte erzählen von Freundschaft und Liebe und neun Kühen.

Es geht in dieser Geschichte zunächst um zwei gute Freunde: Moritz und Valerio. Zwei sehr gute Freunde. Die besten eigentlich, die man sich vorstellen kann. Eines Tages beschlossen die beiden, etwas Außergewöhnliches zu tun. Sie verkauften alles, was sie besaßen und erwarben statt dessen eine Segeljacht, um eine Weltumsegelung zu beginnen. Es war ihnen egal, wie lange es dauern würde, welche Risiken es gab. Sie wollten nur gemeinsam unterwegs sein, den Wind und die Sonne im Gesicht spüren, den Stürmen trotzen und eine gute Zeit zusammen haben. So gute Freunde waren das.

Sie waren schon zwei Jahre glücklich unterwegs, als sie in einen schlimmen Sturm gerieten. Das Schiff wurde völlig zerstört, es sank und mit letzter Kraft erreichten die beiden eine kleine Insel in der Nähe. Glücklich fanden sie ein Eingeborenendorf, das sie freundlich aufnahm. Sie wurden sogar eingeladen, in der Hütte des Häuptlings zu wohnen und es sich gut gehen zu lassen. Dort war es auch, daß Moritz eine der Töchter des Häuptlings auf ihrem morgendlichen Weg zum Wasserholen sah: Er fiel tief in ihre dunklen Augen und sie erschien ihm wie das kostbarste Wesen, das er je getroffen hatte. Es war ihm klar, wie ihm niemals vorher etwas klar gewesen war: Diese Frau war die Frau, auf die er schon immer gewartet hatte und mit der er den Rest seines Lebens vereint sein wollte.

Aufgeregt lief er zu seinem besten Freund an den Strand und überschüttete ihn mit diesen Neuigkeiten. Er schwärmte, lachte, war ausgelassen, kurz war so verrückt, wie nur jemand sein kann, der bis über beide Ohren verliebt ist. Valerio indes hörte ihm lächelnd zu, fragte dann und wann etwas nach, kratzte sich hinterm Ohr, schüttelte seinen Kopf und bat zu guter Letzt Moritz, ihm doch diese Traumfrau zu zeigen. Das tat Moritz gerne. Sie wollten es unauffällig tun und so arrangierten sie es, daß sie dem Mädchen zufällig auf seinem Weg zum Brunnen begegneten. Moritz stockte fast der Atem, als sie seiner Flamme begegneten. Jedoch Valerio blieb merkwürdig unbeteiligt. Als die beiden in sicherer Entfernung waren, überfiel Moritz seinen Freund mit Fragen um seine Meinung: „Findest du nicht, daß …, was hältst du von …, hast du gesehen wie …, ist dir aufgefallen, daß …, ist sie nicht …?" Und so weiter. Valerio sah seinen Freund skeptisch an, zuckte die Achseln und bestätigte, daß sie „ganz nett" aussähe (Moritz versagte fast die Stimme, als er seinen Freund so sprechen hörte), aber daß sie beide doch schon wesentlich schönere und begehrenswertere Frauen gesehen und genossen hätten, so daß er eigentlich Moritz' Enthusiasmus nicht teilen könne und nur hoffe, er würde wieder zur Vernunft finden, so daß sie an die Fortsetzung ihrer Reise (oder zumindest an die Heimreise) denken könnten.

Moritz war traurig. Er konnte nicht verstehen, was da in seinem Freund vor sich ging. Warum konnte er denn das alles nicht sehen, was er sah? Bedeutete das jetzt vielleicht die Trennung nach all den gemeinsamen Jahren? Trotz seiner Trauer und der Angst, Valerio zu verlieren, war es unumstößlich für ihn: er würde bei dieser Frau bleiben und sein Leben mit ihr teilen. Egal was es kosten würde. Das war seine Entscheidung.

Um sich mit den Sitten und Gebräuchen vertraut zu machen, bat er um ein Gespräch mit dem Häuptling. Er wollte sich mit ihm über die nächsten Schritte beraten und ihn um die Hand seiner Tochter bitten. Er wußte nun auch ihren Namen: Sie hieß Talula und der Name klang ihm wie Gesang in den Ohren. Der Häuptling empfing ihn gerne, hatte er doch diesen Fremden schon in sein Herz geschlossen. Er freute sich sehr über Moritz' Absicht, eine seiner Töchter zu heiraten (welche, hatte Moritz noch nicht verraten). Er erklärte dem Fremden die Gebräuche der Insel: Wenn ein Mann eine Frau heiraten will, sei es üblich, der Familie der Frau ein Geschenk zu machen, um das Überleben der Familie zu sichern. Schließlich nehme er der Familie ja eine wichtige Arbeitskraft weg. Dabei werde dem sozialen Stand, dem Ansehen und den Fähigkeiten der Frau entsprechend von Ein-Kuh-Frauen bis zu Neun-Kuh-Frauen unterschieden.

Der Häuptling machte eine lange Pause und ließ die Augen auf dem Fremden ruhen. Schließlich fragte er ihn, welche seiner Töchter er zu heiraten gedenke. Ohne Zögern antwortete Moritz: „Deine Neun-Kuh-Tochter!" Der Häuptling lächelte und rief laut einen Namen. Seine Tochter kam – aber: es war nicht Talula. Moritz bemühte sich das Mißverständnis zu klären, ohne daß es verletzend für des Häuptlings Tochter wurde. Aber der Häuptling bestand darauf, daß er nur eine Neun-Kuh-Tochter habe und die stehe vor ihm. Schließlich sagte Moritz, daß er Talula meine. Der Häuptling wandte sich ihm zu und wies ihn darauf hin, daß diese lediglich eine Drei-Kuh-Frau sei. Empört sagte ihm Moritz, daß die Talula, die er meine, eine Neun-Kuh-Frau sei, ohne Zweifel. Und das er keine Kuh weniger als neun geben werde, da alles andere Betrug und seiner zukünftigen Frau nicht würdig sei. Nun, das Gespräch ging noch eine Zeitlang hin und her, bis sie eine Lösung fanden, die Moritz, aber auch den Traditionen der Insel gerecht wurde: Moritz gab neun Kühe.

Valerio, enttäuscht und ärgerlich darüber, seinen Freund an einen „Trostpreis" verloren zu haben, wartete nicht einmal die Hochzeit ab. Er verließ die Insel mit dem nächsten Postschiff. Sein Herz war voll Bitternis, als er an der Reling stand und die Insel im Meer versinken sah.

Die Hochzeit wurde drei Tage lang gefeiert und war ein frohes und rauschendes Fest. Danach bezogen Moritz und Talula eine kleine Hütte und lebten zusammen als Mann und Frau.

Einige Jahre später war Valerio wieder auf einem Segeltörn und er machte Halt an der Insel, auf der er seinen

Freund wußte. Aller Zorn und Bitternis waren längst gewichen, und er war aufgeregt und neugierig zu erfahren, wie es seinem Moritz wohl gehen möge. Auf seinem Weg von der Anlegestelle bis zum Dorf kam er an einer Gruppe Frauen vorbei, die ihn freundlich grüßten. Eine der Frauen fiel ihm besonders auf. Er dachte, er habe noch nie eine so schöne und strahlende Frau gesehen. Es schien, als trage sie eine Sonne in sich, die unaufhörlich strahlte; strahlte durch ihre Augen, durch ihre Haut, ihre Bewegungen, ihr Lachen, ihre Stimme. Völlig bezaubert blieb er stehen und blickte der Gruppe nach. Wenn diese Frau damals schon dagewesen wäre, … – so dachte er.

Er traf Moritz bei seiner Hütte in einem Knäuel von drei lachenden, sich balgenden Kindern. Nach dem ersten Moment der Befangenheit fanden sie rasch ihre alte Vertrautheit wieder. Valerio begann, ihm von der Frau vorzuschwärmen, die er vorhin gesehen hatte. Lächelnd hörte der Freund zu. Von Valerio nach seiner Talula befragt, sagte Moritz: „Ich glaube, Du hast sie schon getroffen." „Unmöglich!" entgegnete der Freund. „Doch, doch, dreh' Dich mal um – da kommt sie gerade." Valerio drehte sich um, und es war die wunderschöne Frau, die er vor kurzer Zeit sehnsüchtig bewundert hatte, die jetzt auf ihn zukam, sich neben Moritz stellte, der den Arm um sie legte und stolz und liebevoll sagte: „Darf ich dir Talula, meine Neun-Kuh-Frau und Mutter unserer Kinder vorstellen?" Valerio war völlig verwirrt: Sollte diese Frau wirklich dieselbe sein, die er vor Jahren gesehen hatte? Seine Verwirrung war groß. Als sie das sahen, begann Moritz: „Für mich war Talula von Anfang an immer eine Neun-Kuh-Frau. Alles was sie tat, sah ich unter diesem Blickwinkel. Was nicht Neun-Kuh-Frau war, nahm ich einfach nicht wahr und so bekam es keine Aufmerksamkeit und verschwand."

Und Talula antwortete ihm: „Ich hatte am Anfang Schwierigkeiten, eine Neun-Kuh-Frau zu sein. Ich wußte nicht, wie das geht. Aber ich habe meinen Mann sehr geschätzt, denn er ist ein guter Mann. Also habe ich mich gefragt: ‚Wie ist eine Neun-Kuh-Frau? Wie geht sie, wie spricht sie, wie reagiert sie, wie sieht sie aus, wie ist sie mit Kindern?‘ Ich habe einfach so getan, als sei ich eine Neun-Kuh-Frau. Und eines Morgens sah ich in den Spiegel und die, die mich anschaute, war eine Neun-Kuh-Frau. Seitdem bin ich es. Und wann immer ich es vergesse, kann ich es mir zurückholen. Ich bin jetzt so glücklich, wie ich es mir immer gewünscht habe und: Wir haben es zusammen geschafft."

Noch immer nachdenklich reiste Valerio nach einiger Zeit wieder ab. Etwa ein Jahr später bekamen beide eine Postkarte. Dort stand: „Ich verstehe jetzt, was ihr meint. Meine Neun-Kuh-Frau heißt Lena. Danke! Valerio."

Warum ein Buch über Beziehungen?

Es gibt mehrere Gründe, warum ich dieses Buch geschrieben habe. Der eine Grund ist, daß mir in den letzten Jahren immer deutlicher geworden ist, wie wenig ich in meinem Leben Beziehungen gelebt habe und wie sehr ich mir gewünscht hätte, gute und praktikable Hinweise zu bekom-

men, die mir mit meinen Beziehungen hätten helfen können.

Im Laufe meiner persönlichen Entwicklung in den letzten siebzehn Jahren ist mir oft aufgefallen, wie wenig ich
über Beziehungen wußte: ich bin mehr einem Bild hinter-
her gelaufen, einer Vorstellung von Beziehung. Der Prozeß,
durch den ich in dieser Zeit gegangen bin, war für mich
schmerzhaft, weil ich mit vielen Dingen aufräumen mußte,
die ich sehr ungern loslassen wollte, von denen ich mich
sehr ungern verabschieden wollte.

Der zweite Grund ist die Arbeit, die ich seit über sech-
zehn Jahren mit Paaren, mit Einzelnen und mit Gruppen
mache. In dieser Zeit ist mir sehr deutlich geworden, daß
das Thema, um das sich alles dreht, das Thema ‚Beziehungen‘ ist. Und zwar nicht nur die Beziehung, die wir mit
unserem Nächsten pflegen, also vielleicht mit unserer Partnerin oder unserem Mann oder unserer Frau, sondern auch
die Beziehung, die wir mit unseren Kindern haben, mit
unserem Chef, auf der Arbeit, mit Kollegen und Freunden.
Unser ganzes Leben ist ein einziges Beziehungsgeflecht, mit
dem wir meistens unbewußt umgehen.

Ein weiterer Grund ist der, daß ich in der Vergangenheit immer wieder von Seminarteilnehmern gefragt wurde,
ob ich nicht das, was ich lehre, mal in Buchform zur Verfü-
gung stellen könnte.

Und – ich will Mut machen.

Mut, sich dem Abenteuer Beziehung ganz und gar zu
stellen. Mut zur Intimität, zur Auseinandersetzung und Mut
dazu, sich immer wieder vor Augen zu führen, daß das

Größte in dieser Schöpfung genau der Mensch ist, der Dir gerade gegenüber sitzt.

„Auf der grundlegenden menschlichen Ebene kann das Wunder des Lebens uns berühren und so unser Herz öffnen. Das kann geschehen, wenn man sich gegenseitig liebt oder wenn man einen anderen liebt oder durch einen Auslöser, der nicht menschlichen Ursprungs ist. In unserer Sehnsucht danach, den (göttlichen, Anm. d. Aut.) Geliebten zu finden, können wir also einen anderen Menschen treffen, der diesen durch bestimmte Umstände oder unsere verzerrte Wahrnehmung für uns verkörpert. Wir erlauben uns, von dieser Verkörperung berührt zu werden und können diese Person sehr lieben." (Lee Lozowick, Transformation von Liebe und Sexualität)

Im Folgenden gibt es sowohl einige schlechte Nachrichten für Dich – darüber nämlich wie wir normalerweise mit Beziehungen umgehen – als auch ein paar gute Nachrichten – von Wegen, die aus dem Dilemma führen und für jeden offen und gangbar sind.

Mein Wunsch ist, daß Du am Ende dieses Buches den Eindruck hast: „Ich habe etwas mitbekommen, was ich nutzen kann, um die Qualität meiner Beziehungen zu verbessern."

Rosarote Brillen, der siebte Himmel und die Jahre danach

Wir alle kennen das: Wir lernen jemanden kennen und der Himmel hängt voller Geigen, es kribbelt und knistert und alles ist wunderbar. Wir denken: Das ist nun endlich der Partner, das ist nun endlich die Partnerin, auf die wir unser ganzes Leben gewartet habe. Alle anderen vorher waren eigentlich Versuche und Illusionen. Aber jetzt ist sie, beziehungsweise er endlich da. Wir fühlen uns stark und unbezwingbar, alle Fehler und Leiden aus anderen Beziehungen treten in den Hintergrund und es gibt nur noch sie / ihn als unmittelbares Objekt unserer Hinwendung. Wir werden enorm kreativ, machen Dinge, die uns vorher völlig unvorstellbar erschienen wären, unser ganzes Leben scheint wie ausgewechselt.

Oft passiert es dann, daß dieser Schwung unmerklich nachläßt, sich verändert. Das gut geölte Räderwerk der neuen Liebe wird langsamer und beginnt, leise zu quietschen, nur noch übertönt vom Fernseher oder irgendeiner anderen Geräuschkulisse. Dann fragen wir uns: „Was ist eigentlich von unserer Liebe übrig geblieben? Ich dachte, hier liegt mein Prinz neben mir im Bett. Aber davon ist nicht mehr viel zu spüren. War es doch wieder nur ein Frosch?" Oder: „Meine Traumfrau, meine Angebetete sitzt hier neben mir und jedes Mal, wenn ich sie anschaue, denke ich, warum bin ich eigentlich mit dieser Frau zusammen?" Wenn Du Dich jetzt an Eure Anfangszeit zurückerinnern könntest, würdest Du sehen, wie verheißungsvoll das Ganze begonnen hat, wie Euch alle Möglichkeiten offen standen.

In einer kleinen Geschichte von Khalil Gibran heißt es:

„In diesem Augenblick tauchte hinter dem Weidenbaum ein schönes Mädchen auf, dessen Haar bis zum Erdboden herab reichte. Sie blieb neben dem schlafenden Jüngling stehen und berührte seine zarte Braue mit ihrer seidensanften Hand. Er schaute sie mit schläfrigen Augen an, ganz so, als sei er von den Strahlen der Sonne erwacht. Als er gewahrte, daß die Tochter des Emirs neben ihm stand, fiel er auf die Knie, wie Moses, als er den brennenden Dornbusch erblickte. Er versuchte zu sprechen. Die Stimme versagte ihm den Dienst. Statt dessen traten ihm Tränen in die Augen. Das junge Mädchen umarmte ihn und küßte seine Lippen. Dann küßte sie seine Augen, trocknete seine reichlich fließenden Tränen mit ihren Küssen. Mit einer Stimme, säuselnder als der Wind im Schilf, sprach sie: „Ich sah Dich, mein Geliebter, im Traum. Ich erblickte Dein Antlitz in meiner Einsamkeit. Du bist der verlorene Trost meiner Seele und die bessere Hälfte, von der ich getrennt wurde, als man mich kommen ließ in diese Welt. Ich bin heimlich hierher gekommen, Liebster, um bei Dir zu sein. Hab keine Angst, Du liegst jetzt in meinen Armen. Ich verließ den Prunk, mit dem mich mein Vater umgibt und bin hierher gekommen, um Dir bis an das Ende der Welt zu folgen und mit Dir den Kelch des Lebens und des Todes zu leeren. Komm Liebster, laß uns in die Wildnis ziehen, fern von aller Zivilisation.“ Und die Liebenden schritten in den Wald, in die Dunkelheit der Nacht, ohne den Emir und die Geister der Finsternis zu fürchten.“

Ich möchte jetzt eine kleine Zeitreise machen und dieses Paar einfach begleiten. Die beiden gehen in den Wald und das nächste, was sie brauchen, ist ein Unterschlupf. Sie suchen sich also entweder eine Höhle, die sie sich vielleicht einrichten, oder sie bauen sich eine Hütte. Dann brauchen sie etwas zu essen. Sie fangen an, irgendwo Wurzeln auszugraben, gehen auf die Jagd. Irgendwann kriegt sie das erste Kind und vielleicht auch das zweite oder dritte. So leben die beiden zusammen. Sie lernen sich immer besser kennen und gewöhnen sich immer mehr aneinander.

Er weiß genau, wenn er morgens aufwacht, liegt sie neben ihm und umgekehrt. Da gibt es überhaupt keine Unsicherheit. Er weiß genau, wie sie sich in gewissen Situationen verhält und sie weiß von ihm dasselbe. Die beiden rutschen immer mehr zusammen, gewöhnen sich immer mehr aneinander. Nun, in dieser Gewöhnung geschehen Dinge, die am Anfang einer solchen Beziehung nicht sichtbar sind. Der schützende Mantel der Verliebtheit verschwindet und zutage tritt der Alltag, unsere Unzulänglichkeiten, eben all das, was wir uns bisher bemüht haben zu verstecken.

Werden wir am Anfang einer Beziehung mit den unangenehmen Seiten des Geliebten konfrontiert, so schauen wir nicht wirklich hin. Wir idealisieren den anderen. Seine Person ist unantastbar (und wehe, ein Freund oder eine Freundin versucht, uns auf für ihn/sie Unübersehbares aufmerksam zu machen). Nach einer Zeit des Zusammenlebens werden wir dann nach und nach wacher für die Seiten des Partners, die wir bisher nicht sehen wollten.

Eine kleine Anmerkung: Wenn du eine Beziehung hast und nicht so genau weißt, wie es mit der Beziehung steht, rate ich Dir, sobald als möglich in eine gemeinsame Wohnung zu ziehen. Es kristallisiert sich dann sehr schnell heraus, ob die Beziehung funktioniert oder nicht. Das ist sicherlich ein kürzerer und ein schnellerer Weg, um klar zu kriegen, was los ist, als sich unendlich lange zu überlegen, ob die Beziehung eigentlich funktioniert.

Zurück: Wir werden also vielleicht mit seinen Schweißfüßen, die wir nicht mögen, oder mit ihrer Art zu schnarchen, die uns immer noch wach macht oder mit allen möglichen anderen Dingen konfrontiert. Es gibt viele Dinge, die wir am Anfang nicht sehen wollen. Dinge, die dann aber immer deutlicher werden und an denen wir uns, trotz aller Toleranz, die wir so gern aufbringen möchten, immer wieder stoßen.

Du kennst das vielleicht: Könnte er nicht hier ein bißchen anders sein? Könnte sie sich nicht ein bißchen zusammennehmen? Es wäre doch so einfach, wenn er oder wenn sie… und so weiter. So kommen die ersten kleine Mißtöne dazu. Meistens nicht ausgesprochen, sondern sorgfältig versteckt aus Angst etwas zu zerstören, etwas zu verlieren. Und genauso, wie wir im Laufe dieses Zusammenwachsens mit den unangenehmen Seiten des Partners konfrontiert werden, die wir vorher nicht gesehen haben, werden wir auch konfrontiert mit den eigenen unangenehmen Seiten.

Am Anfang, sozusagen in der Werbephase, strengen wir uns sehr an. Er bringt ihr immer Blumen mit oder sie zieht sich öfter mal was besonderes an, er kocht für sie, sie schaut sich Fußball mit an. Wir kennen das.

Doch im Laufe der Zeit läßt das ein bißchen nach, weil man das Gefühl hat, der andere ist einem sicher. In dem Augenblick, in dem Du denkst, der andere ist Dir sicher, hörst Du ziemlich schnell auf, Dich um den anderen zu bemühen. Du läßt Dich ein bißchen gehen, läßt Dich ein bißchen hängen.

Was dann passiert? Du wirst mit einer ganzen Menge eigener Dinge konfrontiert, die plötzlich hochkommen, die Dir auch nicht ganz so lieb sind. Du merkst zum Beispiel plötzlich, wie wenig Du eigentlich wirklich zuhören willst, was sie Dir zu sagen hat: „Es ist ja ganz nett, was sie mir zu erzählen hat, aber gleich kommt die Sportschau, kann sie sich nicht mal ein bißchen beeilen?" Oder wie wenig es eigentlich von Interesse ist, was er von der Arbeit mit nach Hause bringt: „Mein Gott, der erzählt mir schon wieder von Erich. Erich geht mir wirklich auf den Wecker, ich will nichts mehr hören von Erich." Aber Erich ist gerade in diesem Augenblick wichtig für ihn. Es entstehen viele Situationen, in denen wir den anderen für so selbstverständlich halten, daß wir uns gar nicht mehr die Mühe machen, mal hinzuhören, mal zu gucken, wer oder was der andere überhaupt ist und was für ein Anliegen er überhaupt hat. Das setzt sich fort: Je mehr wir zusammen sind, desto weniger haben wir uns zu sagen.

Es ist keine Gesetzmäßigkeit, es gibt keine Regel, die sagt: je länger ihr zusammen seid, desto weniger habt ihr Euch zu sagen.

Nein – womit wir konfrontiert werden ist: Je länger wir zusammen sind, desto mehr werden wir unfähig (oder unwillig), uns wirklich auszudrücken. Wir werden konfrontiert mit der Unfähigkeit, wirklich zu kommunizieren, wirklich Nähe herzustellen mit dem Menschen, mit dem wir eigentlich den Rest unseres Lebens verbringen wollten. Dann kommt der Griff nach den Ersatzbefriedigungen. Der Fernseher ist so eine Ersatzbefriedigung. Es gibt noch viele andere. Bleiben wir nur einmal beim Fernseher.

Das typische Klischeebild von einer langen Beziehung, in der die beiden nicht mehr so richtig miteinander reden, geht so: Er geht zur Arbeit und sie macht den Haushalt. Abends treffen sie sich dann, essen etwas zusammen und setzen sich dann vor den Fernseher. Nach der Fernsehshow oder dem Spielfilm gehen sie dann ins Bett. Und das tagaus, tagein. Sonntags wird diese Routine vielleicht einmal unterbrochen durch einen kleinen Spaziergang oder durch den Besuch eines Fußballspiels oder ähnliches, aber viel mehr passiert einfach nicht mehr.

Diese Unfähigkeit, die Nähe zu dem Menschen, den ich eigentlich so lieb habe, herzustellen, die Unfähigkeit, wirklich zu sprechen und den anderen zu erreichen, erzeugt ein Gefühl, ähnlich dem, in einem Vakuum zu sitzen. Da wir das alle nicht aushalten, versuchen wir so schnell wie möglich dieses Vakuum zu füllen. Im schlimmsten Fall ist es dann der Alkohol, der als Füllmasse herhalten muß.

Aus dieser Unfähigkeit sich zu begegnen, vereint mit der Angst allein zu sein und dann vielleicht ‚keinen / keine mehr abzukriegen‘, entsteht die Unfähigkeit zur Konsequenz, die Unfähigkeit zum Beenden der Beziehung.

26

Man hat sich ja zum Beispiel zusammen eine Stereoanlage gekauft oder diese wunderschöne Ledercouchgarnitur. Wer soll die denn bekommen, wenn wir uns jetzt trennen? Die können wir doch nicht durchsägen! Es hört sich vielleicht merkwürdig an, aber ich habe das schon oft gehört.

In einer Paarberatung sagte einmal ein Mann, auf die Möglichkeit der Trennung angesprochen: „Ja Moment einmal, wir haben doch zusammen diese wunderschöne Wohnung dekoriert und haben uns alles angeschafft. Wie soll das gehen? Das kann ich nicht machen."

Aus dem Gefühl heraus, den anderen nicht mehr treffen zu können, aber auch keine Wahl zu haben zu gehen, erleidet diese Beziehung etwas, was ich einen *langsamen Kältetod* nenne. Es ist eigentlich keine Beziehung mehr da, keine Berührung mehr da, es ist keine Wärme mehr da. Man sorgt nur noch materiell für einander. Er bringt das Geld nach Hause und sie bügelt die Hemden und das ist alles. Oder umgekehrt: Sie bringt das Geld nach Hause und er bügelt die Blusen und das ist alles.

Alternativen oder Ende

An diesem Punkt verabschiede ich mich von dem Paar, daß ich begleitet habe. Denn ab hier gibt es mehrere Möglichkeiten, was man tun könnte.

Die erste Möglichkeit ist: Man bleibt einfach drin stecken. Man denkt sich, das Leben ist halt so und wir sind eben nicht geschaffen für Beziehungen und wartet ab. Eine typische Ausrede ist: „Ich habe das ja nie gelernt. Meine

Eltern waren ja auch ganz furchtbar in ihrer Beziehung." Oder: „Zeigen sie mir doch mal einen Beziehung, die gut ist! Liebe ist was für Idealisten und Schwärmer. Ich bin Realist!" Es geht immer mehr auseinander und irgendwann stirbt man.

Die zweite Möglichkeit ist: Man trennt sich und sagt: „Ich muß mich wohl getäuscht haben!", „Ich habe nicht richtig hin geguckt. Das war bestimmt die Falsche (oder der Falsche)!", „Ich hätte das ja auch vorher wissen können, aber ich war irgendwie wie benebelt." (Bei dieser Möglichkeit ist es leider zumeist so, daß keiner der Beiden aus der beendeten Beziehung gelernt hat und mit dem nächsten Partner irgendwann ähnliches geschehen wird.)

Die dritte Möglichkeit ist: Wir entscheiden uns dafür, eine wirkliche Beziehung zu führen, weil wir das, was wir bisher geteilt haben, nicht einfach wegwerfen wollen.

In unserem Zusammensein haben wir viel erlebt: Wir haben uns verliebt und wir haben vielleicht miteinander phantastischen Sex gehabt. Wir haben wunderbare Ausflüge gemacht und haben unglaublich tiefe Gespräche geführt. Irgendwann haben wir nicht mehr aufgepaßt und uns verloren. Wir hatten viel Streit. Wir sind vielleicht sogar mit Fäusten aufeinander losgegangen, haben uns verletzt. Wir haben die ganze Bandbreite von menschlichen Ausdrucksformen benutzt und uns angenähert. Eigentlich wäre es schade, wenn wir jetzt sagen würden: „Wir machen Schluß! Es ist Feierabend! Ich will nicht mehr!"

Es steht außer Frage, daß es Beziehungen gibt, die beendet werden sollten. Sie tragen eine zerstörerische Kraft in sich und können nur schlechter anstatt besser werden. In solchen Beziehungen leben oft zwei Menschen die unausgesprochenen Aufträge und ungelebte Träume ihrer Eltern oder Großeltern aus. Leider sind sie darin nicht konfrontierbar und verrennen sich immer tiefer in Destruktivität und Dunkelheit. Die meisten Beziehungen jedoch, die beendet werden, werden aus Mangel an Durchhaltevermögen und Handlungsalternativen beendet. Das ist sehr schade, denn hier liegt noch viel ungenutztes Potential, das darauf wartet, genutzt zu werden.

Es existiert wenig Bereitschaft, wirklich durch Krisen durchzugehen. Auch durch viele Krisen. Wenig Bereitschaft, sich richtig zu berühren und sich vielleicht auch in Frage stellen zu lassen.

Der wichtige Schritt – wenn ich mich entscheide „Ich will diese Beziehung weiterführen!" – ist folgender: Ich fange an Verantwortung zu übernehmen. Verantwortung für meinen Anteil an der Beziehung, für das, was ich in diese Beziehung eingebracht habe, dafür, wie ich sie zu dem gemacht habe, was sie jetzt ist.

Normalerweise tun wir das nicht. Normalerweise gucken wir immer erst mal beim anderen, wenn die Beziehung nicht funktioniert, oder?

Solange wir das machen, verhindern wir, daß überhaupt Beziehung entsteht. Auf eine bestimmt Art und Weise sind wir alle unwillig, verantwortlich zu sein für unseren Anteil. Verantwortlich zu sein für unsere Gefühle oder verantwortlich zu sein, für das, was wir dazu beigetragen haben, daß die Beziehung gescheitert ist oder daß die Beziehung so auf eine Nullinie gekommen ist, wie sie jetzt gerade ist.

Der Schritt, die Verantwortung für meinen Teil zu übernehmen und aufzuhören, dem anderen die Schuld zu geben, könnte ein Wendepunkt sein. Es könnte der Wendepunkt für Dich in dieser Beziehung sein, wenn Du Dich entscheidest: „Ich will nicht rausgehen aus der Beziehung, ich habe mit diesem Partner, mit dieser Partnerin vielleicht schon zwei, drei, vier Jahre zusammen verlebt und wir haben verdammt gute Zeiten gehabt und wir haben verdammt miese Zeiten gehabt. Und ich habe einfach kein Interesse daran, jetzt zum nächsten Partner zu gehen, das Gleiche wieder in Grün zu erleben. Was bringt das schon? – Ich will bei diesem Partner bleiben." Diese Entscheidung bringt Dich dazu, festzustellen, was dein Anteil ist und was Du verändern bzw. auf andere Art tun kannst.

Die schönste Definition über Liebe steht bei Dostojewski. Er hat gesagt: „Einen Menschen lieben heißt, ihn so zu sehen, wie Gott ihn gemeint haben könnte."

Nun, wir wissen alle nicht, was Gott gemeint haben könnte. Und für manche ist das Wort ‚Gott' bedeutungslos. Doch vielleicht läßt es sich so übersetzen: Jemanden lieben bedeutet, ihm die Möglichkeit zu geben, anders zu sein als ich denke, daß er ist; ihm die Möglichkeiten zu geben, viel größer zu sein, als ich ihm zugestanden habe, in meinem Bestreben, ihn in ein Kästchen zu packen, ihn für mich überschaubar zu machen und kontrollierbar.

Wir haben große Schwierigkeiten, unseren Partner oder Partnerin groß sein zu lassen. Denn immer, wenn der andere groß wird, haben wir das Gefühl, wir werden klein. Und wenn wir klein werde, entsteht Angst. Also darf der andere nicht groß sein. Aus diesem Gefühl von Angst entsteht die

Kraft, den anderen klein zu halten; den anderen in dieses kleine beschränkte Bild hineinzupressen, das wir gemalt haben und das sagt, wie er oder sie sein darf und soll.

Damit gehen wir völlig am anderen vorbei. Wir verpassen ihn. Und wir bringen das Gegenüber dazu, mit uns genau das gleiche zu machen. Denn es geht nicht anders. Es ist ein wechselseitiger Prozeß, der da entsteht: Es sorgen plötzlich beide dafür, daß der andere nicht groß wird, daß der andere sein Potential, seine Möglichkeiten nicht erkennt, weil das gefährlich sein könnte. Wenn wir wirklich unser Potential, unsere Möglichkeiten erkennen würden, könnte es unter Umständen geschehen, daß wir zum Partner sagen (müssen): „Du, ich möchte ein Jahr nach Amsterdam gehen, bei aller Liebe. Da ist dieser phantastische Choreograph, von dem ich viel lernen kann und ich will das unbedingt tun." Die übliche Reaktion darauf ist: „Oh Gott!" und „Du willst mich verlassen?!", „Meine Güte!" und „Du kannst das nicht machen!" und „Ein Jahr, das ist ja furchtbar lang!" und „Du liebst mich nicht mehr!"

Eine andere Möglichkeit der Reaktion könnte sein: „Ja, toll!", „Das macht mich zwar traurig, daß Du weggehen willst und es tut mir auch weh und es macht mir auch Angst, aber wenn das Dein Weg ist, und wenn das jetzt für Dich dran ist, dann mußt Du das machen. Ich unterstütze Dich dabei." Merkwürdiger Gedanke: – Den anderen loszulassen, aus dem Gefühl heraus: Ich liebe Dich und bin Dir verpflichtet!

Liebe besteht nicht darin, daß wir den anderen im Klammergriff halten. Liebe besteht darin, daß wir den anderen unter Umständen eine Zeit lang gehen lassen, damit er oder sie das tun kann, was wichtig ist zu tun.

Um das Ganze faßbarer zu machen, habe ich mir Gedanken gemacht über ein System von Eckpfeilern für Beziehung, so etwas wie tragfähige Säulen auf denen Gutes wachsen kann.

Die sechs wichtigen Bedingungen für Beziehung

Die erste Bedingung:
Beziehung ist Arbeit (und darf trotzdem Spaß machen)

Die erste Bedingung heißt: Es gibt keinen leichten Ausweg, keine Hintertüren, keine Abkürzungen! Beziehung bedeutet Arbeit!

In einer Beziehung begegnen uns alle Schattierungen menschlicher Existenz: Von Wut über Trauer bis hin zu Gemeinheit, bis hin zu Liebe, bis hin zu Ekstase, bis hin zu Freude, Mundgeruch oder Schweißsocken. Es ist alles drin.

Oft versuchen wir eine Beziehung zu reduzieren auf den Satz: „Es soll *mir* aber gutgehen!", „Der andere ist dafür da, daß es *mir* gutgeht und wehe, er macht das nicht!". Die direkte körperliche Gewalt zwischen Partnern hat in den letzten dreißig Jahren, Gott sei Dank, immer mehr nachgelassen. Aber trotzdem ist immer noch subtile Gewalt da, ausgehend sowohl von Frauen als auch von Männern. Die Haltung, die dahinter steht ist: „Wenn Du nicht das tust, was ich will oder wenn Du nicht dafür sorgst, daß es mir gut geht, werde ich schon eine Möglichkeit finden, Dich dazu zu bringen (oder mich zu rächen, wenn es nicht klappt)." Das können Frauen genauso gut wie Männer.

Was wir in einer Beziehung wollen, ist möglichst viel Freude, möglichst viel Glück, möglichst viel Lust, möglichst viel Schönheit, dieses ganze Sonnige, Helle. In dem Augenblick, in dem es unangenehm und schwierig wird, neigen wir dazu zu sagen: „Nein, das nicht!", „In einer guten Beziehung sollte man sich doch nicht streiten." und so weiter.

Blödsinn! *Es gibt keinen leichten Weg durch die Beziehung, aus der Beziehung oder um die Beziehung herum. Beziehung ist Arbeit!*

Ein Freund von mir hat es mal so gesagt: Das Verliebtsein ist ein Geschenk der Götter zum Anfang der Beziehung: Alles funktioniert, alles ist wunderbar. Aber nach einiger Zeit ist die (geschenkte) Verliebtheit weg. Und dann müssen wir anfangen etwas zu tun, damit wir irgendwann, aus unserer eigenen Bemühung heraus, dahin kommen, wo wir schon einmal am Anfang gewesen sind.

Und es geht! Man kann auch nach – ich bin jetzt 17 Jahre verheiratet – man kann auch nach 17 Jahren noch verliebt sein. Immer mal wieder. Oder auch immer mal wieder nicht.

Ich saß einmal auf einer Bank und wartete auf das Fährschiff nach Amrum. Etwas entfernt von mir stand ein hoch bepacktes Motorrad mit den beiden Fahrern, Mann und Frau, daneben. Sie waren in ihren Fünfzigern und eben dabei, sich für ihre Weiterfahrt zurechtzumachen. Der Mann ergriff den Helm der Frau und setzte ihn ihr auf – weiter nichts Ungewöhnliches – er tat es jedoch mit soviel Zärtlichkeit und Wärme, daß ich vom Zusehen ganz tief berührt wurde. Hier waren zwei, die sich ihre Liebe bewahrt hatten.

Die zweite Bedingung:
Verpflichtung

Die zweite wichtige Säule heißt: Verpflichtung. Im Englischen heißt das Wort ‚commitment‘: ‚sich dem anderen verpflichten‘.

Wie wäre das:

Liebe ist in erster Linie nichts anderes als eine Verpflichtung.

Etwas, was ich ausspreche und damit erst erschaffe. Ich möchte das an einem Beispiel deutlich machen: Vor vielen Jahren hatten wir eine tiefe Krise, meine Frau und ich. Wir hatten keine Vorstellung mehr, wie wir da überhaupt noch rauskommen sollten. Wir konnten nicht mehr miteinander reden, wir konnten uns nicht einmal mehr berühren. Wir sind aneinander vorbei gelaufen und jeder hat in seinem Bett geschlafen. Ich in meinem Zimmer, sie in ihrem Zimmer. Es war keine Nähe mehr zwischen uns und wir litten beide unter diesem Zustand. Das einzige, was wir wußten, war, daß wir einen kleinen Sohn hatten und daß wir da irgendwie durch wollten. Wenn mich zu der Zeit jemand gefragt hat: „Liebst du deine Frau?", konnte ich ihm, ohne mit der Wimper zu zucken und ohne einen Moment zu überlegen, sagen: „Nein." Und bei ihr war das ganz genauso. Das einzige, was in dieser Zeit im Grunde genommen die Bindung zwischen uns erhalten hat, war die Verpflichtung, die wir beide ausgesprochen hatten und nicht unser Kind. Unsere Verpflichtung hieß: Wir bleiben zusammen und finden einen Weg. Wir wissen nur, was wir wollen, aber nicht, wie es gehen kann. Wenn wir nur wegen des Kindes zusammen geblieben wären, hätte das nicht funktioniert. Unser Sohn hätte sehr darunter gelitten. Er hätte nämlich eine Verantwortung tragen müssen, die für ihn zu groß gewesen wäre. Wir haben uns dann damals Hilfe geholt. Bevor wir dies taten, hatte ich immer gesagt: „Wir können uns gerne trennen, aber das sage ich Dir: Unser Sohn bleibt bei mir! Noch einmal mach ich das nicht mit." Dazu muß man wissen, daß ich das schon einmal erlebt hatte, mit meiner ersten, geschiedenen Frau und unserer Tochter, die nach der Scheidung bei ihr blieb. Ich wollte nicht noch einmal ein Kind verlieren. Als dann, bei meiner zweiten Ehe, die Krise da war, habe ich mich damit sehr edel und sehr gut gefühlt. Ich habe so etwas gedacht, wie: „Mensch, bist du ein toller Kerl; du stehst zu deinem Sohn." Ich bin nicht im Traum auf die Idee gekommen,

daß es grausam ist, einer Mutter anzudrohen: „Ich nehm'
Dir das Kind weg." Im Grunde genommen war das nichts
anderes als der Versuch, sie auf einem Umweg bei mir zu
halten.

Wir haben dann zusammen eine Reise zu Freunden in
Amerika gemacht und einer von unseren Freunden sagte
dann zu mir: „Weißt Du, Ihr steckt ziemlich in der Krise.
Ich habe einen Bekannten, der macht solche Trainings und
nächstes Wochenende ist eins. Geh' mal hin. Vielleicht
bringt es ja was." Ich bin dann dahin gegangen, mit der
Haltung: ‚Was wollen die mir schon beibringen.' Die haben
mir aber dann eine ganze Menge beigebracht. Als ich zurück kam, konnte ich mich mit meiner Frau zusammensetzen und zu ihr sagen: „Ich bin an einem Punkt, wo ich bereit bin, wirklich diese Verpflichtung, die wir miteinander
haben, zu erfüllen. Und ich bin an einem Punkt, wo ich
bereit bin, wirklich verantwortlich zu sein für die Beziehung, für meinen Anteil, das es so miserabel geworden ist.
Aber, wenn du dich von mir trennen willst – womit ich
nicht einverstanden bin, weil ich das nicht möchte – wenn
du also denkst, es machen zu müssen, dann ist es in Ordnung und ich werde dich unterstützen und unser Sohn geht
selbstverständlich mit Dir." – Das war der Moment, wo
unsere Beziehung eigentlich erst begonnen hat. In diesem
Moment ist etwas entstanden zwischen uns, eine Form von
Offenheit, die wir über eine lange Zeit nicht gehabt hatten.
Und daraus ist mittlerweile sehr, sehr viel gewachsen und
aufgeblüht.

Jeder hat in seinen Beziehungen immer wieder Punkte,
immer wieder Momente, wo er sich – oder sie sich – gern

aus der Verantwortung rausziehen will oder gern aus der Verpflichtung rausziehen will. Das ist auch in Ordnung. Wichtig ist nur, immer wieder zurückzukommen und dem anderen das auch zu sagen, es dem anderen auch zu zeigen: „Ich bin wieder da!", „Ich bin rausgegangen, ich bin abgehauen, ich habe es nicht mehr ausgehalten – aber ich bin wieder da!", „Laß uns weitermachen, laß es uns versuchen!", „Ich verpflichte mich erneut!". Die Verpflichtung, die ich dem anderen gegenüber habe, ist der rote Faden, an dem sich alles orientiert, was in der Beziehung stattfindet. Es ist das, was uns trägt und hält, was uns immer wieder die Kraft gibt, weiterzumachen, auch wenn es scheinbar unmöglich aussieht.

Dritte Bedingung: Durststrecken durchhalten. Und: Was Du nicht willst, bleibt doppelt lange

Der nächste Pfeiler für eine Beziehung ist der Wille und die Fähigkeit, Durststrecken innerhalb einer Beziehung durchzuhalten.

Wir alle haben Durststrecken in unseren Beziehungen. Manchmal jede Woche, manchmal alle paar Monate, manchmal alle paar Jahre. Die gute Nachricht vorab ist, daß der Abstand zwischen den Durststrecken, sofern man die ersten durchgestanden hat, immer länger wird.

Was sind Durststrecken? Das sind Zeiten in denen unsere Gemeinsamkeiten nicht blühen und wachsen, sondern sich eher die Gegensätzlichkeiten und Widrigkeiten in den Vordergrund schieben. Das sind persönliche Krisen, Krankheiten, ein Todesfall in der Familie; Zeiten, in denen sich einer zurückzieht und ,verschwindet'.

Oft leugnen wir diese Tatsache, tun so, als ob alles in Ordnung wäre, geben uns große Mühe, es zu überdecken. Wir wollen nicht konfrontiert werden mit der Möglichkeit der Bedrohung unseres kleinen Reiches. Je mehr wir uns jedoch vor der Realität verschließen, je mehr wir leugnen, je weniger wir ,Ja' sagen können zu der Krise, desto mehr laden wir sie ein, zu bleiben. Hört sich komisch an, ist aber genau so. Was Du nicht willst, bekommst Du. Du lädst es sogar extra zum Bleiben ein. Warum das so ist?

Wenn Du die Augen verschließt vor dem, was ist, kannst Du nichts unternehmen, um Veränderung herbeizuführen. Du kannst am wenigsten hinsehen, wenn Du am stärksten wegsiehst.

Außerdem: Wenn Du aktiv den Ist-Zustand Deiner Beziehung(skrise) leugnest, mußt Du ständig Energie aufbringen, um ihn unter Kontrolle zu halten. Daher kannst Du nicht loslassen und weitergehen. Im Gegenteil, Du hältst fest und bleibst stehen (in der Illusion, daß es nicht geben kann, was Du leugnest).

Welchen Nutzen haben Durststrecken für uns?

Sie fühlen sich sicherlich unangenehm an, weil es uns an die Substanz geht und wir uns ohne Beschönigung das anschauen müssen, was gerade ist (wenn wir hinsehen wollen, wie oben erwähnt). Das sind genau die Momente, in denen das Leben uns ein Angebot macht:

„Jetzt könnte der Moment sein, wo in Eurer Beziehung etwas grundsätzlich Neues geschehen kann!"

Wenn sich beide Partner erlauben, mit Blick auf den anderen, durch diese Durststrecke zu gehen, dann kann etwas wachsen. Manchmal trägt dabei der eine mehr als der andere. Der, der ‚verschwunden' ist – innerlich – kann für eine Weile nichts tragen. Die Aufgabe für den anderen ist dann, ihm den Raum zu halten, mit der Botschaft: ‚Erledige du, was du zu erledigen hast. Ich halte dir den Rücken frei, bis du zurückkommen kannst.' Dabei ist die beiderseitige Verpflichtung für die Beziehung wichtig – eine hundertprozentige Sicherheit haben wir jedoch nie. Ein Teil Eurer Beziehung ist auch immer ein Abenteuer mit unvorhersehbaren Überraschungen und das ist auch gut so.

Durch das Wachsen in der Durststrecke bekommt das Zusammensein eine andere Dimension, Tiefe, Tragfähigkeit. Jede Krise ist ein Angebot. Die alten Schuhe passen nicht mehr und etwas Neues entsteht.

Es liegt in Deiner Macht und an Deiner Entscheidung, wie Du in Zukunft Durststrecken sehen willst. Eigentlich sind sie prima. Unangenehm – aber prima.

Vierte Bedingung:
Eine gemeinsame Vision

Ein weiterer Pfeiler für Beziehungen ist etwas, was ich leider in vielen Beziehungen nicht gefunden habe: eine gemeinsame Vision. Ohne eine gemeinsame Vision werden Beziehungen schneller schwierig und haben weniger Zukunftsperspektiven.

Eine Vision ist ein Entwurf für einen Zustand, der noch nicht Realität geworden ist. Visionen beinhalten meistens Veränderungen von bestehenden Systemen (im Kleinen: ich erziehe meine Kinder zu aufrechten, toleranten Menschen; im Großen: Was kann ich tun, um den Hunger in der Welt zu beenden).

Die Ziele, die wir normalerweise in einer Beziehung haben, erschöpfen sich oft in: Wir wollen gut zusammenleben; vielleicht ein Haus haben oder eine Eigentumswohnung; vielleicht ein oder zwei Kinder; ein schönes Zuhause; zweimal im Jahr in Urlaub fahren; schöne Kleider; guten Sex vielleicht noch. Das sind die normalen ‚Visionen' für Beziehungen.

Ich behaupte, daß das nicht reicht.

Denn Du wirst das irgendwann alles erreicht haben. Du hast irgendwann Deine Wohnung oder Dein Haus, Du fährst zweimal in den Urlaub, Du hast ein schönes Auto, ab und zu hast Du mal guten Sex. Das kriegst Du hin – und was machst Du dann? Du könntest das noch steigern: Noch ein Haus kaufen oder viermal im Jahr in den Urlaub fahren oder Du fängst an Briefmarken zu sammeln oder Uhren oder dies oder jenes. Das heißt, Du fängst an, Dir neue materielle Anreize zu schaffen, mit denen Du Deine Zeit erst mal verbringen kannst. Aber letztlich sind das keine Visionen in Deinem Leben, die Dich satt machen – wirklich satt machen.

Es ist ein schönes Gefühl, Geld auf der Bank zu haben. Es ist ein schönes Gefühl, eine schöne Wohnung zu haben. Es ist ein schönes Gefühl, schöne Kleider zu haben. Das ist alles richtig. Auf der anderen Seite ist es aber nicht das, was Dich und Deine Partnerin lebendig hält. Es macht Euch nur oberflächlich satt. Mit einer Vision für Eure Beziehung meine ich eine Idee. Etwas, was wesentlich größer ist als Eure Beziehung; etwas, was darüber hinaus geht. Es gibt viele große Visionen auf dieser schönen Welt. Wenn Du Dich aufmachst, wirst Du sicherlich das finden, wonach Du suchst. Egal in welchem Bereich. Es gibt soviel zu tun! Erschafft zusammen Eure eigene Vision!

Martin Luther King hatte eine Vision, Mutter Theresa hatte eine, Greenpeace hat eine, Brot für die Welt, Terre des Hommes haben ihre.

Wenn Ihr die Augen öffnet, werdet Ihr sehen, daß eine Welt auf Euch wartet. Erfüllung finden wir im Dienst an etwas, was (scheinbar) größer ist als wir selbst. Wir müssen dabei gar nicht in die große Öffentlichkeit gehen. Wenn meine Vision Integrität ist oder Mitgefühl, dann richte ich mein ganzes Leben danach aus. Eine solche Vision bedeutet immer Arbeit, bedeutet meistens anstrengende Arbeit. Auf der anderen Seite aber bekommst Du auch was von dieser Vision zurück, was Dich durch Krisenzeiten hindurch trägt. Es gibt etwas, worauf Du gucken kannst und worauf der andere genauso guckt. Das heißt, Ihr ertrinkt nicht im täglichen Einerlei oder geht im täglichen Sumpf Eurer Sorgen und Probleme unter. Nein, denn Du kannst immer noch etwas sehen, was größer ist. Das kann etwas ganz Handfestes sein, ein Projekt, etwas Großes. Das könnte auch die Entscheidung sein, einen gemeinsamen spirituellen Weg zu gehen oder gemeinsam zu meditieren oder zu beten.

Es muß jedenfalls etwas sein, was Dich, was Euch aus dem Einerlei herausholt, was anders ist: eine gemeinsame Vision die größer ist als Eure Beziehung.

Die fünfte Bedingung: Bonding

Der nächste Eckpfeiler für eine Beziehung ist etwas, was wir alle als Kinder erfahren haben, die einen mehr, die anderen weniger, aber jeder von uns soviel, daß er überlebt hat: Verbundenheit; tiefe Verbundenheit oder ‚Bonding'.

Bonding ist das, was das Kind erfährt, wenn es nach der Geburt auf den nackten Bauch der Mutter gelegt wird und dort ankommen kann. Niemand wischt an dem Kind herum, niemand muß jetzt unbedingt die Nabelschnur abkneifen. Es darf seine Ruhe haben, und niemand muß es messen und wiegen, in irgendwelche Kleider zwängen oder es hochhalten und fragen: „Na, schreit es denn schon?". Das Kind wird einfach in Ruhe nackt auf den Bauch der Mutter gelegt. – Dann prägen sich die Zellen des Kindes und die Zellen der Mutter aufeinander ein. Damit werden Erlebnisse möglich, die sich der normalen Erklärung entziehen, zum Beispiel, daß die Mutter Nachts wach wird und genau spürt, daß ihr Kind in Not ist.

Welches Ausmaß Verbundenheit haben kann, wurde auch an einem Tierversuch in einer militärischen Forschungsanstalt deutlich: Einer Katzenmutter wurden kurz nach der Geburt ihre kleinen Babykatzen weggenommen. Dann wurde die Katze in einem schalldichten Raum isoliert. Die Kätzchen wurden in einen anderen schalldichten Raum gebracht und dort getötet. Die Mutter ist in dem Isolationsraum schier verrückt geworden, hat gekratzt und immer wieder ihre Jungen gerufen. (Bevor die kleinen Katzen getötet wurden, war sie einfach nur etwas unruhig.) Das ist ein Ausdruck von ‚Bonding‘. Das ist eine so tiefe Verbundenheit, die über die räumliche und akustische Trennung hinaus geht.

Ein anderes Beispiel: Ein Arzt, der nach Afrika gegangen war, hatte seine Frau mitgenommen und sie half ihm während der Sprechstunden. Es gab nur diesen einen Arzt dort. Die Patienten kamen manchmal zwanzig, dreißig oder auch fünfzig Kilometer aus dem Umland zu einer Untersuchung. Viele Mütter brachten ihre Babys mit und mußten manchmal stundenlang in der Reihe warten, bis der Arzt für sie Zeit hatte. Seiner Frau fiel auf, daß die Mütter aber nie von den Babys verunreinigt wurden, die einfach nackt auf ihrer Hüfte oder im Tragetuch saßen und keine Windeln trugen. Also fragte sie die Frauen: „Was macht ihr eigentlich, wenn eure Kinder auf's Klo müssen?“ Die Antwort war: „Dann gehen wir in die Büsche!“ „Ja und woher wißt ihr das, wann ihr in die Büsche müßt?“ Diese Frage verstanden die Frauen nicht und antworteten nur leicht belustigt: „Ja, woher weißt Du denn, wann Du auf's Klo mußt?" Dieses Bonding ist so unmittelbar, daß die Mütter die Bedürfnisse des Kindes in ihrem eigenen Leib spüren, z. B. wenn das Kind auf's Klo muß.

Diese Intensität von Bonding ist hier in der westlichen Zivilisation weitgehend unbekannt, aber wir alle haben ein tiefes Sehnen danach (was wir oft in unsere Beziehungen übertragen).

Friedrich der Große ließ einen Versuch durchführen, der die lebenserhaltende Wichtigkeit des Bonding drastisch verdeutlicht: In einem Waisenhaus wurden zwei Gruppen von Babys ausgewählt und in verschiedenen Räumen untergebracht. Beide Gruppen wurden identisch behandelt, mit nur einem Unterschied. Der Unterschied war, daß mit den Kindern in der einen Gruppe gesprochen und ein bißchen geknuddelt wurde. Sie bekamen Zuwendung, soviel eine Amme damals an Zuwendung geben konnte. Die Kinder in der anderen Gruppe wurden nur gewickelt und gefüttert, ohne weiteren Kontakt. Einfach nur das Notwendigste. Diese Kinder starben. Sie gaben auf, hatten keine Kraft mehr. Das zeigt, wie lebenswichtig für uns Bonding ist.

Unsere Sehnsucht nach Bonding ist groß. Und gleichzeitig ist da auch unsere Angst. Sobald uns nämlich jemand näher kommt, erinnern wir uns an die vielen Begebenheiten, bei denen wir vertraut haben und verletzt wurden. Wir fahren sofort unsere Stacheln aus. Aber haben Dich schon jemals Deine Stacheln davor geschützt, verletzt zu werden? Egal wie sehr Du Deine Stacheln auch ausfährst – wenn Dich jemand verletzen will, dann kann er Dich verletzen, mit oder ohne diese Abwehr. Im Grunde genommen ist es völlig sinnlos, sich vor Verletzung schützen zu wollen. Alles, was Du damit vermeidest, ist die Möglichkeit, in Deinem Leben Verbundenheit und Geborgenheit zu erfahren. Dein Versuch, dich zu schützen, erschafft im Gegenteil eher noch mehr Leid für Dich und den anderen Menschen.

Die unbedingte Vorbedingung für diese Erfahrung, ist eine bewußte Entscheidung, sich tiefe Verbundenheit mit diesem Menschen überhaupt zu gestatten. Es ist ein langer Prozeß, der über Jahre gehen kann. Wir nähern uns vorsichtig immer mehr dem anderen an und erlauben uns dieses Gefühl immer mehr. Es gibt kein Rezept dafür, keine Übungen die Du so und so lange machen mußt, um es zu erreichen. Es hat damit zu tun, wie weit Du Dir erlaubst, Dein Herz zu öffnen und Deinen Partner näher kommen zu lassen. Und wie weit Du Dir selbst erlaubst, dem Anderen näher zu kommen. Da wird viel Angst in uns aktiviert, viele alte Erinnerungen schwappen hoch. Das ist das, was wir bei Mama und Papa ausprobiert haben. Meistens hat es nicht so geklappt wie wir es uns gewünscht haben. Wir haben nicht bekommen, was wir wollten. Wir haben eine Erfahrung gemacht und es ist eine starke Erfahrung, die uns immer wieder motiviert, es noch einmal neu zu versuchen. Wir sind jedoch keine Kinder mehr, wir sind erwachsene Menschen und wir müssen uns nicht mehr auf die Erfahrungen verlassen, die wir als Kinder gemacht haben. Sie sind zwar wichtig, aber wir können etwas Neues ausprobieren, uns auf etwas Neues einlassen. Wenn wir uns gegen diese neue Erfahrung entscheiden, sollten wir das nicht unserer Vergangenheit anlasten. Das nenne ich eine fromme Lüge.

Sich auf Bonding erneut einzulassen bedeutet, zuerst einmal zu akzeptieren, daß wir ein Problem damit haben. Der zweite Schritt könnte die Heilung Deiner Kindheitswunden (z. B. in einem therapeutischen Prozeß) sein. Der dritte Schritt – und das ist wahrscheinlich der schwerste – könnte bedeuten, Dich in Deiner ganzen Bedürftigkeit und Sehnsucht Deinem Partner zu zeigen und gleichzeitig zu verstehen, daß der Partner nicht jedes Bedürfnis versorgen kann.

Jeder kann sich auf den Prozeß einlassen (wieder) zu vertrauen und Verbundenheit wachsen zu lassen. Der eine besser, der andere weniger gut. Aber jeder auf seine Weise. Bonding – tiefe Verbundenheit - braucht Zeit und immer wieder die Entscheidung zu vertrauen und es erneut zu tun.

Die sechste Bedingung: Auseinandersetzung ist wichtig

Der letzte wichtige Pfeiler für eine Beziehung hat mit Auseinandersetzung zu tun, mit Streit und verschiedenen Meinungen.

Manchmal ist der Streit destruktiv. Manchmal steht man einfach voreinander und brüllt sich an. Jemand hat mal zu mir gesagt: „Wenn zwei immer harmonisch zusammen sind und immer der gleichen Meinung sind, ist einer überflüssig." Die Beziehung lebt auch von der Spannung, die in ihr entsteht, aus der Dynamik von Geben und Nehmen, aus verschiedenen Ansichten, aus verschiedenen Gefühlen. Die können dann auch mal nachdrücklich kollidieren. Das müssen sie sogar, wenn es lebendig bleiben soll. Und sie dürfen das, weil das ‚commitment‘ da ist, die Verpflichtung für die Partnerschaft. Das bedeutet, ich darf mich mit meinem Partner streiten, weil ich weiß, er wird ganz bestimmt nicht weglaufen, weil ich jetzt anderer Meinung bin. Sie wird mich ganz bestimmt nicht sitzen lassen, weil ich gerade so schlechter Laune bin. Denn wir haben dieses Miteinander, weil wir uns verpflichtet haben: „Ich bin mit Dir zusammen und Du bist mit mir zusammen und wir dürfen sogar ausgesprochen verschiedener Meinung sein." Wie meine Frau und ich heute zusammenleben, haben wir uns erarbeitet, teilweise ‚erstritten‘. Die Zeiten der Auseinandersetzungen waren nicht gerade unsere besten Zeiten, da Streit auch immer weh tut, aber sie waren ganz sicher kreativ, lebendig und Nähe erschaffend.

Wie das? Nun, wenn man sich gestattet auf der Basis der gegenseitigen Verpflichtung zu streiten, so geschieht etwas Schönes: Unsere alte Elternfixierung löst sich (Streit war da entweder unmöglich oder wir wurden mit der Vernichtung unserer Person bedroht, entweder eingebildet oder sogar real), wir lernen, daß wir unbequem und eigen sein dürfen (und daß das einen Teil unseres Reizes ausmacht). Wir verlieren so immer mehr die Angst, der andere könnte weggehen, wenn ich nicht allzeit freundlich und brav bin. Eine neue Art von Nähe und Selbstverständnis entsteht.

Beziehungsphasen

Wie könnte eine Beziehung in den verschiedenen Phasen, durch die man so hindurchgeht, aussehen?

Der Anfang ist oft ähnlich wie dieser: Die beiden gehen durch die Straßen, er auf der einen Straßenseite, sie auf der anderen. Und dann sehen sie sich und das ist der magische Moment, in dem alles möglich ist. Sie schmilzt dahin, er schmilzt dahin. Wie von Fäden gezogen bewegen sie sich aufeinander zu. Er kriegt nur ein gestottertes: „Darf ich Sie auf eine Currywurst einladen?" hin und sie sagt: „Hach, Currywurst habe ich mir schon immer gewünscht." Die beiden sind glücklich, haben Herzklopfen und weiche Knie, strahlen sich an, gehen zur nächsten Wurstbude: Pommes, Currywurst und die beiden – das ist einfach wun-

derbar. Sie fangen an, sich zu verabreden und es ist einfach das, was sie sich immer gewünscht haben – genau das. Damit meine ich nicht die Currywurst, aber die gehört hier dazu.

Was dann passiert, ist, daß man ein bißchen näher rutscht. Man redet miteinander, man tauscht sich aus, es ist viel Beziehung, viel in Bewegung. Man ist aufgeregt, man überlegt sich ständig, was kann man für den anderen tun, „welche Blumen und welches Aftershave liebt sie denn jetzt besonders?" Und sie denkt: „Was ziehe ich für eine Unterwäsche an, was mag er besonders gerne?" Man ist eigentlich ständig beschäftigt mit dem anderen. Dann kommt der Zeitpunkt, an dem sie sagt: „Ach, weißt Du, wir verstehen uns doch so gut, es läuft super mit uns beiden, was hältst Du davon, wenn wir zusammenziehen?" Und er sagt: „Wunderbar." Sie ziehen zusammen und rutschen noch ein bißchen näher zusammen. Das ist noch kein Ehevertrag. Sie rutschen einfach noch ein bißchen enger zusammen und dann wird bald die erste Couchgarnitur gemeinsam gekauft und die erste Stereoanlage, beide hatten nur eine Kleine aus der Metro, die Anschaffungen sind super, so eine richtig tolle Anlage, wo man abends davor sitzen kann, wunderbar, atemberaubend.

Im Laufe der Zeit rutschen die beiden noch enger zusammen. Sie merkt dann: „Och, ich brauche meine Freundinnen eigentlich nicht mehr. Ist ja schön zu Hause. Ich bin gern mit ihm zusammen." Sie beginnt, ihre persönlichen

Interessen zu reduzieren. Er denkt dann auch: „Ach, mein Skatabend, mein Fußballabend, mein Pokerabend ist ja ganz nett, aber ich bin eigentlich viel lieber zu Hause, es ist doch da so schön." Und so fangen beide an, immer mehr von dem, was sie vorher ausgemacht hat, zu reduzieren. Es wird immer weniger, es bleibt natürlich eine kleine Menge von jedem persönlich, aber die Schnittmenge wird immer größer. Die Schnittmenge wird irgendwann so groß, daß kaum noch erkenntlich ist, wer jetzt wer ist, wenn wir auf unsere Abbildung schauen.

Hier entsteht meisten zuerst viel Unzufriedenheit, viel Auseinandersetzung, man fragt sich auf einmal: „Was mache ich eigentlich hier mit dieser Beziehung? Ich bin unzufrieden, er (oder sie) ist doch nicht das, was ich mir immer vorgestellt habe." Es kann passieren, wenn die Bewegung

irgendwann richtig groß ist, daß es in alle Richtungen raus-
schießt.

Er kommt dann plötzlich später nach Hause und macht
Sachen, die vollkommen aus dem Rahmen fallen. Er
kommt zum Beispiel betrunken nach Hause; das hat er
früher nie gemacht. Und sie nimmt auf einmal anderes
wahr. Zum Beispiel den Kollegen auf der Arbeit: „Der hat
ja einen netten Hintern. Das ist mir ja noch nie aufgefallen." Und plötzlich ist da so viel Bewegung drin, die auseinander strebt, daß man sich fragt: ja, was ist denn da eigentlich los? Es geht auf jeden Fall auseinander und zwar in
alle Richtungen. Der nächste Schritt ist dann meistens, daß
die beiden sich erst einmal wieder voneinander zurückzie-
hen.

Da ist zwar noch Verbindung, weil sie viel miteinander erlebt und gelebt haben, aber sie ziehen sich erst einmal voneinander zurück. Jeder beginnt wieder, mehr seinen Weg zu gehen, mehr das zu tun, wozu er eigentlich Lust hat, was nur ‚seins‘ ist.

Meistens ist das dann der Zeitpunkt, an dem sie sich entscheiden, sich zu trennen: „Also, irgendwie hat das alles keinen Sinn mehr, das war’s dann. Du kriegst die Boxen, ich nehm’ den CD-Player, den Tisch sägen wir in der Mitte durch.“ Die beiden können sich natürlich nicht so gut einigen und mit der Wohnung ist es auch schwierig, weil sie jeder behalten möchte. Vorderhand heißt es oft ganz großzügig: „Du kannst ruhig die Wohnung behalten.“, aber hinter der Hand möchten beide sie gerne haben. Zumeist wird viel Porzellan zerschlagen durch Uneinsichtigkeit, Unehrlichkeit und das Bestreben, wenigstens noch etwas zusammenzuraffen, wenn schon die Beziehung nicht mehr existiert. So geschieht es leider oft.

Aber es gibt auch noch eine andere Möglichkeit: Dieses Paar hat sich auseinandergezogen und dann geschieht etwas Spannendes: Man kann sich plötzlich wieder sehen.

„Hoppla, so viel verbindet uns also noch. Mit diesem Menschen habe ich so viel geteilt, es wäre eigentlich schade, wenn es jetzt auseinander ginge." Die beiden fangen an, sich neu anzuschauen und ihre Beziehung neu zu definieren, sie auf neue Beine zu stellen. Sie entscheiden sich dafür zusammenzubleiben. Sie entscheiden sich unter Umständen an diesem Punkt, Hilfe zu holen und zusammen weiterzugehen.

Jeder bleibt auf seinen Füßen stehen und gleichzeitig bemerken sie, daß das, was sie zum anderen hinzieht, nach wie vor da ist. Sie zeigen ihre Gefühle, ihre Liebe, das, was sie miteinander wollen. Sie gehen zum anderen hin, aber jeder steht auf seinen eigenen Füßen. Das war im dritten Bild nicht mehr möglich, da hatte jeder nur noch ein Bein und das kann nicht gut gehen.

Die nächste Phase ist sehr wichtig. Ich habe sie lange nicht verstanden, unter Umständen verstehen Frauen das schneller als Männer. Es begann damit, daß meine Frau zu mir sagte: „Ich möchte, daß Du mich zu Deinen Gruppen mitnimmst". Ich war erstaunt, da es doch klar war, daß ich sie nicht mitnehmen konnte. Irgendwann habe ich dann verstanden, was sie meinte: Wir sind tief verbunden. Jeder hat sein Eigenes und steht auf seinen eigenen Beinen und wenn einer weggeht, nimmt er den anderen im Herzen mit. Das ist dann so, daß ich an einem Abend einen Vortrag halte und trotzdem bin ich auch daheim. Meine Frau ist zwar dort mit den Kindern, aber ein Teil von ihr ist bei mir. Das ist eine Möglichkeit, wie Du das, was Dich ausmacht und einzigartig sein läßt, pflegen kannst und Du Dich aber auch gleichzeitig ganz in die Beziehung mit einem anderen Menschen hineingeben kannst, ohne Dich zu verlieren. Im Gegensatz dazu stehen die anderen Bilder oben: Je mehr Ihr Euch übereinander schiebt, desto ähnlicher werdet ihr Euch und desto weniger bleibt von der lebenserfrischenden und befruchtenden ‚Andersheit'.

Was es schwer macht, wirklich zu lieben

Der erste Punkt:
Keine oder unzureichende Vorbilder

Im nächsten Kapitel geht es um unsere scheinbare Unfähigkeit zu lieben. Wir alle haben das nicht gelernt. Wir haben eine Vorstellung davon, was Liebe sein könnte und eine tiefe Sehnsucht danach, sowohl geliebt zu werden als auch zu lieben. Es fehlen uns jedoch oft die Bilder oder Vorbilder, an denen wir uns konkret orientieren können.

Unsere Eltern konnten uns diese Orientierung nicht oder nur ganz unvollkommen geben. Sie haben uns zwar alles gegeben, was sie uns geben konnten, für viele war das jedoch zu wenig. Sie hatten ihr eigenes Päckchen zu tragen. Der Krieg und die Nachkriegszeit hinterließen tiefe Wunden. Mit dieser Hypothek haben sie getan, was sie konnten und dafür gebührt ihnen unsere tiefe Verehrung und unser Dank. Trotzdem hätten viele von uns mehr gebraucht: mehr Berührung, mehr Knuddeln, mehr Liebe.

Unser Lernen funktioniert über Wahrnehmung und Nachahmung. Auch im Bereich Beziehung ist das, was wir gelernt haben und nachahmen oft noch das, was wir daheim erlebt haben. Zum Beispiel sitzt der kleine Junge zu Hause und kriegt mit, daß seine Mutter ganz traurig ist und weint: Die Großmutter ist gestorben. Mama sitzt zu Hause und weint. Der kleine Junge sitzt da, ist mitfühlend und ein bißchen ängstlich und sagt: „Oh, Mama ist traurig." Papa kommt von der Arbeit und er erträgt es nicht, wenn sie weint. Das hält er nicht aus. Vielleicht hat er einen schlechten Tag gehabt und sieht nun seine Frau weinend. Er hängt seinen Mantel auf, kann sich noch einen Moment beherrschen, aber irgendwann bricht es aus ihm heraus: „Hör doch endlich mal auf mit der Heulerei. Ich habe den ganzen Tag gearbeitet und ich will so etwas nicht, wenn ich nach Hause komme. Ich will willkommen geheißen werden. Ist das Essen fertig?" (Ich gestalte das Beispiel bewußt plakativ.) Nun, der kleine Junge sitzt da und denkt: „So funktioniert das: Wenn eine Frau traurig ist, dann muß der Mann sie anschimpfen, damit sie aufhört zu weinen. Dann ist alles wieder gut." Das ist das Verhaltensmuster, was in ihm entsteht. Die Frau reißt sich natürlich zusammen. Sie möchte nicht, daß sie auch noch Streit bekommt mit ihrem Mann. Sie geht hin, wäscht sich das Gesicht und kommt dann irgendwann, mit einem leicht verzerrten Lächeln, wieder ins Zimmer.

Jetzt stellen wir uns mal vor, wie der kleine Junge zwanzig oder fünfundzwanzig Jahre später handelt. Er hat eine Beziehung und seine Freundin sitzt irgendwann, völlig in Tränen aufgelöst, da und er ist ein bißchen gestreßt. Er hat keinen besonders guten Tag gehabt. Wie wird er unter diesen Umständen reagieren? Er wird so reagieren, wie er es damals zu Hause erfahren hat.

Wir reproduzieren viel von dem, was wir während unserer Kindheit bei unseren Eltern abgeguckt haben. Das machen wir sehr unbewußt und hauptsächlich in Streßsituationen. Wenn wir nämlich nicht gestreßt sind, haben wir noch die Möglichkeit, Abstand zu wahren. Unser ‚guter Wille‘ ist dann noch kraftvoll. Unter Umständen werden wir nicht ärgerlich sagen: „Hör auf zu flennen, so ein Blödsinn.“ Sondern wir werden das Leiden dieses Menschen spüren und mitfühlend reagieren: „Oh, du bist traurig…“

Aber wenn wir angespannt sind, wenn wir selbst unter Strom stehen, haben wir diese Möglichkeit oft nicht mehr. Wir fallen automatisch in das Verhaltensmuster, das wir gelernt haben. Das ist das erste, was es so schwer macht, wirklich zu lieben. Wir reproduzieren elterliche und kindliche Verhaltensweisen. Viele von uns haben große Probleme damit erwachsen zu sein. Erwachsen sein bedeutet: sichtbar werden für andere und Verantwortung übernehmen für das, was gerade in unserem Leben und in der Welt geschieht. Wir hören auf, ständig die Schuld für alles, was geschieht, anderen anzulasten und beginnen, unseren aktiven Part in allem zu sehen.

So lange wir jedoch auf den anderen zeigen und sagen, „du hast aber; du bist aber…“ ziehen wir uns aus dem Leben und sind nicht mehr greifbar als der, der wir eigentlich sind. Das sieht dann zum Beispiel so aus: Da steht ein fünfunddreißig Jahre alter Mann, ein großer Kerl, stark, intelligent, macht gerade Karriere, und unterhält sich mit seiner Frau auf eine Art und Weise, wie es eigentlich ein kleiner Junge tut. Dadurch wird sie unwillkürlich auf einer bestimmten Ebene angesprochen. Sie bleibt nicht die erwachsene Frau, die sie ist, sondern sie wird automatisch zur Mami für den Kleinen. Dadurch entsteht eine verzerrte Form von Beziehung. Umgekehrt geht das natürlich genauso. Sie wird klein und er spielt den Papi. Dort wo sich zwei (scheinbar) Erwachsene gegenüberstehen, ist oft außer der äußerlichen Erscheinung nichts erwachsen.

Das, was wirklich geschieht, ist wie ein einstudiertes Ritual zwischen Kind und Eltern. Du bist im Grunde genommen niemals mit Deinem Partner wirklich zusammen, sondern es findet immer ein Art Umdeutung zwischen euch statt. Du bist nicht wirklich in Beziehung mit dem erwachsenen Gegenüber, sondern immer nur mit diesem Bild. Das macht Beziehung sehr schwierig. Du kannst so niemals wirklich Deine Sehnsucht nach einem Partner leben und so erfüllen, wie sie real da ist und Du es eigentlich möchtest. Diese Beziehungsformen können auf die Dauer regelrecht destruktiv werden, da natürlich alle Verhaltensmuster aus der Eltern-Kind-Beziehung übernommen werden: ich erziehe dich; ich rebelliere; du tust was ich sage; du hast hier gar nichts zu melden; usw.

Der zweite Punkt:
Das Gefühl von Mangel

Das nächste, was es uns schwer macht zu lieben, ist unser Gefühl von Mangel. Wir alle kommen aus dem Gefühl: ‚Für mich war nicht genug da.' Wir sind nach einem ganz klaren Zeitplan gestillt, gefüttert worden. Alle vier Stunden die Flasche, alle sechs Stunden frische Windeln und so weiter.

Aber was geschieht mit einem Säugling, der zwischendurch Hunger gehabt und geschrieen hat, nach Mama, und die ist nicht gekommen? Für ein Kind können fünf Minuten wie eine Ewigkeit sein, weil Kinder noch kein Verständnis von Zeit haben. Wenn das wiederholt geschieht, können diese fünf Minuten ausreichen, um das Kind davon zu überzeugen, daß nicht genug da ist, daß es nicht wirklich versorgt wird. Es gibt nicht genug Nahrung für mich, denn warum sollte Mami die Nahrung zurückhalten müssen, wenn genug da wäre? Wenn das mehrere Male passiert - und es ist bei uns allen nicht nur mehrere Male, sondern häufig und auch länger als fünf Minuten passiert - entsteht dieses Gefühl von Mangel.

Das andere ist: wir alle haben nicht genug Streicheleinheiten bekommen, wir haben nicht genug Gehalten-werden bekommen, Getröstet-werden. Auch da wird ein Mangel verspürt.

„(...) weil Berührung ein so grundlegender Faktor der menschlichen Entwicklung ist und weil sie so wichtig für unsere Gesundheit und unser Gefühl von Verbundensein mit anderen Menschen ist. (...) Berührung ist für unser Leben von grundlegender Bedeutung. Berührung bedeutet in Kontakt zu sein. Berührung kann zur Erfahrung von Verbundenheit und Einheit führen. Wir können niemanden berühren, ohne auch selbst berührt zu werden. Durch Berührung merken wir, daß wir nicht alleine sind." (M. & J. Kabat-Zinn, Mit Kindern wachsen)

Was geschieht, wenn wir in einem Gefühl von Mangel aufwachsen? Wir fangen an, automatisch jeden anderen, der um uns herum ist, als Konkurrenten wahrzunehmen. Denn: Wenn nur wenig da ist, muß ich mich sehr anstrengen, damit ich genug kriege. Und wenn ich genug kriegen will, dann dürfen die anderen auf keinen Fall so viel haben wie ich.

Jetzt wird es schwierig: Du kommst mit einem Partner zusammen und hast mit ihm eine Beziehung. Du möchtest von Deinem Anspruch her diesen Menschen gerne gleichberechtigt sehen. Gleichzeitig ist aber auch dieses Gefühl da: Es gibt nicht genug, es ist nicht genug da. Ich muß mich vorsehen. Hier wird es sehr schwierig, denn Du wirst große Probleme kriegen, den anderen wirklich gleichberechtigt sein zu lassen und zu sagen: Es ist ein Ozean für uns da, ein riesiger Süßwasserozean, und da können wir uns hineinlegen und können uns satt trinken. Das scheint den meisten Menschen nicht möglich. Für die meisten ist Leben gleichbedeutend mit Kampf. Auch in einer Beziehung wird wenig anders gehandelt: Kämpfen, um genug Zärtlichkeit, Zuwendung, Liebe zu bekommen. Das erinnert mich an ein Bild: Wir sind wie Verdurstende, die aus einem unendlich großen Wasserreservoir mit einem Teelöffel schöpfen, anstatt den Eimer zu benutzen, der daneben steht …

Und dann ist da noch eine weitere Sache, die es immer wieder sehr schwierig macht, wirklich zu lieben. Wenn ich mir gestatte, andere Menschen wirklich nahe an mich rankommen zu lassen, wirklich so nahe, daß es fast schon weh tut, könnte es sein, daß ich unter Umständen mit all dem wieder in Kontakt komme, was ich irgendwann einmal ,vergessen‘ habe. Mit all den Gefühlen von Enttäuschung, Schmerz, Frustration, Angst, Streß der Vergangenheit. All das kann allein durch die Tatsache, daß ich jemandem erlaube, mir so nahe zu kommen, wieder hervorgerufen werden. Ein Teil von uns spürt das deutlich, sehr genau und wird sich viel Mühe geben, den erneuten Kontakt mit den verschütteten Gefühlen der Vergangenheit zu vermeiden.

Das Dumme jedoch, was die meisten von uns nicht wissen, ist, daß es nur rein *und* raus geht, daß ich diese Gefühle nur dann ablegen kann, wenn ich mich ihnen gegenüber öffne. Das bedeutet, daß ich mich schmerzvollen Erfahrungen nicht verschließe, indem ich sie einfach beiseite lege und nicht mehr daran rühre (sie lasse), sondern sie aktiv als eine Möglichkeit nutze, mich immer besser zu verstehen und immer besser mit meinem Leben umzugehen.

Die Überzeugungen, die wir irgendwann als Kinder angenommen haben, prägen uns heute noch und wir erhalten sie aufrecht, weil wir eine Menge in sie investiert haben. Es ist eigentlich irrwitzig, wenn Du Dir vorstellst, daß Du heute noch Dinge tust aus Überzeugungen heraus, die Du irgendwann vor vielen, vielen Jahren einmal angenommen hast und die nichts mehr mit Deiner heutigen Wirklichkeit zu tun haben.

Rechthaberei und Intoleranz

Rechthaberei und Intoleranz sind zwei Eigenschaften, die jeder von uns hat, obwohl wir inständig beteuern, daß es doch die anderen sind, die intolerant und rechthaberisch sind. Beide Haltungen schützen uns zwar davor, Angst und Fremdes wirklich erleben zu müssen, doch wir können so keine Nähe und Intimität aufbauen. Es gibt nur die Möglichkeit in Beziehung zu sein oder Recht zu haben. Beide Positionen schließen sich gegenseitig aus.

Warum ist das so?

Sich in einer lebendigen Beziehung zu treffen bedeutet, sich einen Raum von Verletzlichkeit zu erhalten. Dieser Raum bedarf Pflege und Aufmerksamkeit. Positionen jedoch zerstören Verletzlichkeit, weil sie immer wieder aufs neue Menschen dazu herausfordern, um ihr Recht zu kämpfen. Wer läßt sich schon gerne von seinem Beziehungspartner eines Besseren belehren, wenn die Belehrung im Geiste des *ich hab' Recht und du bist falsch* gegeben wird?

Ein Beispiel:

In einer (Therapie-)Sitzung erlebe ich, wie sie immer massiver in ihn dringt, daß er doch anerkennen möge, daß er zuviel trinkt. Er wehrt sich: „Das stimmt nicht; ich lasse mich nicht bevormunden; ich weiß genau, was richtig ist." Die beiden entfernen sich immer mehr voneinander, jeder will recht behalten mit seiner Wahrnehmung, Beziehung findet nicht mehr statt, es regieren Abgrenzung, Kampf, ‚Nicht-mit-mir-Gefühle' …

Ich fordere beide auf, über ihre Gefühle zu sprechen auf dem Hintergrund der Annahme, daß keiner Recht hat und beide Meinungen nur ‚Abgrenzungsphänomene' sind, Nebenschauplätze, die verhindern, daß sie sich in Verletzlichkeit begegnen. Bald stehen den beiden Tränen in den Augen, weil sie sich gegenseitig spüren lassen konnten, daß der Grund für ihren Streit in ihrer Liebe füreinander lag.

Die tiefsten Zerwürfnisse in Beziehungen tragen zumeist den Stempel der Intoleranz. ‚Männer sind anders, Frauen auch', um einen beliebten Ausspruch und Buchtitel zu zitieren. Es ist erschreckend, wie wenig Toleranz für die Andersartigkeit des Gegenüber zu finden ist – und das ist keinesfalls nur ein deutsches Problem.

Viele haben noch nicht verstanden, daß der andere wirklich ein anderer ist. Männer sind keine verkleideten Frauen und Frauen keine ‚getürkten' Männer. Alles ist verschieden: Der Körperbau, die Art, die Welt zu erleben, die grundsätzlichen biologischen Rhythmen, die Art zu sprechen, die Art zu verstehen, die Sexualität, die Aufgabe in dieser Welt.

Für die Andersartigkeit des anderen kein Verständnis aufzubringen und ihn in das starre Gerippe der eigenen Vorstellungen und Interpretationen zwängen zu wollen, ist eine Art von Vergewaltigung, auf die der andere meist mit einer von drei Verhaltensweisen reagiert:

- Er / sie schlägt um sich und wird verletzend,
  (das *„ich habe Zuhause die Hölle-Syndrom"*);
- er / sie resigniert,
  (das *„Es hat keinen Sinn-Syndrom"*);
- er / sie geht
  (das *„Beziehung funktioniert sowieso nicht-Syndrom"*).

Mitgefühl – was ist das?

Eine unangenehme Wahrheit ist, daß wir für andere, die uns nicht so nah sind wie unsere Partner, oft mehr Mitgefühl aufbringen, als für die, von denen wir sagen, daß wir sie lieben. Es ist schon niederschmetternd sich einzugestehen, daß wir oft weder eine Vorstellung davon haben, was Mitgefühl ist, noch die Abwesenheit dieser Eigenschaft als unangenehm erleben.

Wie kann man das verstehen?

Wir könnten natürlich sagen, daß wir es nicht gelernt haben. Das stimmt auch in gewissem Maße, jedoch habe ich den Verdacht, daß wir damit viel (zuviel) entschuldigen und uns aus der Verantwortung stehlen. Natürlich fehlen uns hier die wichtigen Vorbilder, natürlich sind wir verunsichert, natürlich ist es schwierig, etwas zu erschaffen, dessen Abwesenheit uns nicht einmal wirklich auffällt. Andererseits ist Mitgefühl exakt das, was wir in unseren direkten und unseren indirekten Beziehungen brauchen. Mit ,indirekten Beziehungen' meine ich die Beziehungen, die uns mit unserer Welt verbinden, der Welt, die wir von unseren Kindern ausgeliehen haben.

Der erste Schritt beginnt dort, wo mein nächster, direkter Bezugspunkt ist: bei Partner, Partnerin und Kindern. Eine gute Methode um Mitgefühl wachsen zu lassen ist: So tun als ob. Verhalte Dich in so vielen Situationen wie möglich Deinem Partner gegenüber mitfühlend. Wenn du nicht weißt, wie es geht – probier' es aus. An der Reaktion des Gegenübers wirst Du schnell merken, ob Du einen Volltreffer hattest oder nur den Trostpreis. Je mehr und je länger

Du das praktizierst (so tun, als ob Du wirklich Mitgefühl empfändest und Dich auch so verhalten), desto deutlicher wird Deine Wahrnehmung von Mitgefühl und Deine Sehnsucht danach, wirklich mitfühlend zu handeln.

„Sogar bei verheirateten Partnern bezieht sich ihre Liebe – besonders am Anfang, wenn die beiden den Charakter des jeweils anderen noch nicht so gut kennen – eher auf Anziehung, als auf wirkliche Liebe. Ehen, die nur für kurze Zeit halten, basieren auf emotionaler Abhängigkeit, die sich auf Projektionen und Erwartungen stützt. Mitgefühl für den Anderen hat hier keinen Platz. Sobald sich die Projektionen und Erwartungen ändern, verändert sich auch die Anziehung. Unser Begehren kann so stark sein, daß wir die Person, die uns anzieht, für makellos halten, obwohl sie in der Realität viele Fehler hat. (...) Echtes Mitgefühl ist nicht einfach eine emotionale Reaktion, sondern eine ausgesprochene Verpflichtung, die sich auf Gründe stützt. Diese Verpflichtung ändert sich nicht einfach dadurch, daß sich andere negativ verhalten. Echtes Mitgefühl stützt sich nicht auf unsere Projektionen und Erwartungen, sondern auf das, was der andere braucht, unabhängig davon, ob der andere ein naher Freund ist oder ein Feind. So lange, wie dieser andere Mensch sich wünscht, Frieden und Freude mögen das Leiden überwinden, entwickeln wir auf dieser Basis ein tiefes Interesse für das, was ihnen Sorgen bereitet."

(H.H. The Dalai Lama, Living a Compassionate Life, Shambala Sun)

Der dritte Punkt:
Das Theaterstück und wie geht's weiter

Der letzte Punkt im Kapitel der Hindernisse für die Liebe läßt sich an einem Modell aus der Transaktionsanalyse erklären. Man nennt es das Dramadreieck.

Der Mann, der sich darüber Gedanken gemacht hat, hat beobachtet, wie wir uns in Beziehung zueinander verhalten. Ihm fiel auf, daß wir eigentlich nur drei Verhaltensmöglichkeiten in einer Beziehung haben: den Täter, das Opfer und den Retter. Diese drei Typen stellte er nun auf die Eckpunkte eines Dreiecks. Statt Täter könnte man auch ‚Verfolger‘ sagen, denn das englische Wort *persecutor* bezeichnet beides.

Wenn Du einmal Beziehungen zwischen Menschen anschaust, wirst Du feststellen, daß Du meistens diese Typen wiederfindest. Da gibt es zum Beispiel die Freundin von der Du weißt, daß sie, wenn Du sie besuchst, wieder mit hundertprozentiger Sicherheit erzählen wird, wie schlecht es ihr geht. Und Du gehst hin, weil es Dir gut tut, gebraucht zu werden und Du sie so gerne rettest. Sie wiederum braucht Dich, weil sie Opfer ist. Sie braucht jemanden, der sie rettet. Und sie braucht jemand, der der Täter ist, der dafür sorgt, daß es ihr so schlecht geht. Das ist meistens ihr Freund. Denn ihr Freund ist ‚unmöglich‘ und kann sie ‚überhaupt nicht wirklich verstehen …‘ und so weiter. Und trotzdem verläßt sie ihn nicht. Wenn Du einmal Mäuschen spielen und die Gespräche zwischen den beiden hören könntest, würdest Du unter Umständen verblüfft sein, wie viele gute Worte dieser Mann für sie hat. Nur: sie hört sie nicht. Weil es nicht in ihr Schema hineinpaßt vom Opfer-Täter-Retterspiel.

In Gesprächen können diese Positionen manchmal unglaublich schnell wechseln. Ich spreche mit meiner Frau, ich mache sie zum Opfer, indem ich zum Täter werde. Wenn sie das Opfer ist, dann kann ich sie auch gleich wieder retten. Ein ganz beliebtes Spiel übrigens in den Beziehungen: Zuerst eins draufgeben und dann retten. Wenn ich sie dann gerettet habe, geht sie unter Umständen aus der Opferrolle heraus in die Täterposition und macht mich wiederum zum Opfer.

Der tiefere Zweck dieser Dynamik ist die Verhinderung echter Beziehung, echter Nähe, echter Intimität. Die angebliche Beziehung wird reduziert auf formelhafte Abläufe (so wie auch rituelle Balztänze nach ganz festgelegten Abläufen funktionieren). Innerhalb dieser Abläufe bin ich sicher. Ich brauche mir keine Sorgen zu machen über Plötzliches, Neues, Gefährliches. Aber: Ich bezahle für die scheinbare Sicherheit mit der Lebendigkeit und Unmittelbarkeit meiner Beziehungen. Für das, was ich eigentlich will, ist kein Platz mehr. Beziehung verkommt so zu Marionettentheater und das Schlimmste ist: Alle spüren, daß sie langsam innerlich verhungern, aber jeder hält fest an dem Gewohnten.

Dieses Modell läßt sich nicht nur auf Beziehungen zwischen einzelnen Menschen anwenden. Das Täter-Opfer-Retter-Spiel spielen auch Staaten miteinander, verschiedene Religionen, ethnische Gruppen. Im Grunde läßt es sich bei allen Gruppierungen, die man in der Welt finden kann, ausmachen. Der eine ist das Opfer, weil der andere ihm was getan hat und er erschafft sich einen Retter. Es ist überall da, ständig und auf Abruf.

Wir spielen das auch mit uns selber, mit unseren inneren Stimmen. Wir verurteilen uns innerlich, bemitleiden uns, ziehen uns selbst an den Haaren wieder aus dem Sumpf und das alles geschieht oft und wie unter Zwang. Jeder kennt das gut und wer aus dieser Struktur nicht herausfindet, bleibt gefangen im Spiel, geht an seiner Wirklichkeit vorbei.

Wir alle haben eine generelle Disposition, ein Schwergewicht, aber trotzdem spielen wir auf dem Instrument Dramadreieck alles mit einer großen Virtuosität. Obwohl wir alle Rollen beherrschen, sind wir auf eine bestimmte mehr festgelegt, als auf die anderen.

Jeder hat irgendwann herausgefunden, womit er am besten durchkommt. Es gibt zum Beispiel Menschen, die ständig krank sind. Die haben vielleicht erlebt, daß sie nur dann Zuwendung bekommen haben, wenn sie krank waren und machen es heute noch immer so. Sie merken wahrscheinlich gar nicht, daß sie schon lange keine Zuwendung mehr dafür bekommen. Sie tun es immer noch in der verzweifelten Illusion, eines Tages endlich satt zu werden, endlich die Beziehung zu erfahren, die sie ersehnen.

Dann gibt es die Menschen, die daheim meinten, ständig die Ehe ihrer Eltern retten zu müssen und dann nicht mehr aufhören konnten zu retten, da ihnen diese Position Sicherheit und Ansehen verschaffte. Oder die Menschen, die zu Tätern wurden, weil sie erleben mußten, wie sie als kleines Kind weinend vom Spielplatz kamen, einen blauen Flecken vorzeigten (oder Schlimmeres) und nur hörten:

„Na, hast du ihn wenigstens zurückgetreten? Nein? Gut, dann geh zurück und laß Dir nichts mehr gefallen."

Was wir damit verhindern, was wir damit nicht bekommen, sind Nähe, Intimität, echtes Mitgefühl. Beziehung wird unmöglich, weil wir uns nur in dramatischen Forme(l)n begegnen.

Der erste Schritt aus dem Drama: Gefühle fühlen

Es gibt einen Ausweg aus diesem System. Er ist nicht ganz einfach, aber es gibt ihn. Der erste wichtige Schritt heißt: Die eigenen Gefühle fühlen.

Vielleicht denkst Du jetzt: „Das ist kein Problem." Für die meisten stimmt das jedoch so nicht. Oftmals fällt einem erst viel später auf, was da gerade passiert ist. Oder man fühlt erst eine Stunde später, daß einen das von vorhin ärgerlich gemacht hat oder daß man traurig geworden ist. Oder daß die Art und Weise wie da mit einem umgegangen worden ist, Angst gemacht hat. Wir kriegen es oftmals gar nicht so schnell mit, was wirklich ist. Wir sind zumeist weit entfernt von direktem, tiefen Fühlen. Für viele ist Fühlen auch eher bedrohlich und unerwünscht, da wir daran gewöhnt sind, uns eher rational als gefühlsbezogen mit uns und der Umwelt auseinanderzusetzen.

Der erste Schritt bedeutet zu beginnen, Dir Deine Gefühle zuzugestehen. Unter Umständen muß der eine oder andere sie sich regelrecht ‚zurückerobern‘, weil seine Welt nur noch aus Vernunft und einer diffusen Angst vor ‚unberechenbaren' Gefühlen besteht. Er hat keinen Zugang zu dem, was in ihm brodelt und kocht.

In unseren Gefühlen liegt unsere Vitalität. Auf sie zu verzichten hieße, unserem Lebensmotor Schwung und Kraft wegzunehmen. Es hieße, uns auf kühle Denkprozesse zu reduzieren, die es mit der Kraft und unserem inneren Brodeln nie werden aufnehmen können.

Das ist der erste Schritt: Deine Gefühle fühlen.

Der zweite Schritt aus dem Drama: Gefühle äußern

Der zweite Schritt heißt: Deine Gefühle aussprechen.

Wenn ich alleine etwas fühle, weiß der andere ja noch nicht, was ich fühle. Wenn ich alleine etwas fühle, ist es zwar schon mehr, als überhaupt nicht zu fühlen, aber das ist noch nicht genug. In dem Augenblick, in dem ich anfange zu kommunizieren, wie es mir geht, verändere ich die Welt.

In dem Augenblick, in dem ich zu meiner Freundin gehe – es geht ihr *immer* schlecht, wenn ich hinkomme – und mich nicht auf die Retterposition reduziere, sondern z. B. sage: „Weißt Du was, mich macht das ärgerlich, daß es Dir immer schlecht geht, wenn ich bei Dir bin. Kannst Du Dir nicht mal was anderes überlegen?", gebe ich ihr die Möglichkeit (auch wenn sich das hart anhört), genau wie ich, aus dem Dramadreieck auszusteigen. Ich spiele nicht mehr mit und rette sie nicht mehr. Ich habe verstanden, daß mir die Beziehung zu wichtig ist, als daß ich sie weiterhin in Formelhaftigkeit und Gewohnheit laufen lassen will. Ich will Lebendigkeit und Unmittelbarkeit.

Du mußt Dich irgendwann entscheiden, was Du willst: entweder dieses ewige Dramaspiel mitmachen, weil Du dann die Illusion von Beziehung haben kannst, oder real werden und aus diesem Spiel aussteigen. Unter Umständen bedeutet das, Deine Beziehungen auf einige wenige Menschen zu reduzieren. Das sind dann Menschen, mit denen Du arbeiten kannst, die Deine Sehnsucht nach Authentizität teilen und denen Du wirklich nahe sein kannst.

Das ist der zweite Schritt: Deine Gefühle ausdrücken.

Der dritte Schritt:
Grenzen setzen

Der dritte Schritt heißt: Grenzen setzen.

Wenn ich fühle, was mit mir los ist und das ausdrücke, dann ist es auch wichtig, Grenzen zu setzen. Eine Grenze zu ziehen bedeutet, für mich einzustehen, mich deutlich abzugrenzen, auch wenn ich dann nicht ‚nett‘ bin. Eine klare Position zu beziehen, ist für die meisten nicht einfach. Zu sagen ‚Das will ich nicht, hier ist mein Bereich und da hast du nichts zu suchen‘ ist manchmal schwierig. Auf der anderen Seite kann es auch schockierend sein, so eine deutliche Grenze gesetzt zu bekommen.

Was den Unterschied ausmacht, mag folgende Geschichte zeigen: Ein Mann hat zu Hause einen CD-Player in seinem Zimmer stehen, und wenn er weg ist, geht seine Frau öfter in sein Zimmer und hört Musik. Sie hat dabei eine Eigenheit: Wenn er eine CD im Laufwerk gelassen hat, nimmt sie diese raus und, anstatt sie in die Hülle zu stecken, legt sie sie fein säuberlich irgendwo hin. Jetzt hat er zwei Möglichkeiten:

Die eine Möglichkeit ist: Er kann zum Opfer werden. Er kann anfangen zu jammern und zu lamentieren, und zu seinen besten Freund laufen, um sich zu beschweren, wie schlimm sie ist: Daß sie die CDs nie wegpackt, daß sie keine Wertschätzung für seine Sachen hat und so weiter. Er kann sich so, auf diese Weise zum Opfer machen.

Oder aber: Er kann ihr einfach sein Gefühl kommunizieren: „Es ärgert mich, daß Du das machst." Und er kann ihr eine Grenze setzen: „Ich will das nicht mehr. Ich will nicht mehr, daß du so mit meinen CDs umgehst." Hier waren es nur CDs, aber es kann viel mehr sein.

Dadurch, daß man sich sichtbar macht im Setzen der Grenze, geschieht jetzt folgendes: Es entsteht Beziehung zwischen zwei Erwachsenen. Die Partnerin kann nun reagieren und sagen: „In Ordnung!", oder: „Du, das ist mir egal, ob Du das willst oder nicht. Der CD-Player gehört uns beiden. Ich kann doch die CD raus nehmen und sonst wo hin legen." Hier ist dann Raum für einen richtig guten Streit. Streit gehört zu Beziehung dazu und kann sehr belebend wirken. Dann wird die Beziehungssituation ganz real und verliert sich nicht im Formelhaften, wie ich das vorher beschrieben habe.

Das ist der dritte Schritt: Deine Grenzen setzen.

Der vierte Schritt:
Bedürfnisse äußern

Der vierte Punkt, der genauso wichtig ist, wie die anderen, heißt:

Deine Bedürfnisse äußern.

Das kennt sicherlich jeder: (Gespräch zwischen zwei Freundinnen) „Weißt Du, ich bin ganz sicher, er liebt mich nicht mehr. Er kriegt nicht mehr mit, was ich brauche. Ich meine, wenn er mich lieben würde, müßte er doch merken, was ich brauche."

Oder er kommt nach Hause von der Arbeit und denkt: „Ich habe den ganzen Tag gearbeitet, jetzt hätte ich gerne eine Massage. Zuerst ein schönes Bad, dann eine schöne Massage, dann vielleicht etwas leckeres Essen. Dann möchte ich mich einfach nur ankuscheln und schlafen." Und er sagt: „Guten Abend!" und sonst nichts – vielleicht noch: „Guten Abend, Schatz!" Und innerlich denkt er: „Kriegt sie das gar nicht mit? Ist sie so unsensibel, daß sie nicht merkt, was ich jetzt brauche? Wenn sie mich wirklich lieben würde …"

Schlechte Neuigkeiten: Sie ist so unsensibel. Und er ist genau so unsensibel. Ja, es gibt Sternstunden, die kennt jeder. Das sind die Momente, wo alles paßt – Alles! Du machst genau das Richtige, exakt in dem Moment, wo es sein muß. Sie macht genau das Richtige, exakt in dem Augenblick, wo es sein muß, und alles paßt haargenau. Aber das sind Geschenke, das Sahnehäubchen, das Bonbon. Das ist nicht die Regel. Die Regel ist, daß Du dafür sorgen mußt, das zu bekommen, was Du brauchst.

Man könnte auch sagen: Die Götter erlauben eine Erfahrung dessen, wie es sein könnte. Ein Geschenk, sozusagen. Um das wieder zu erschaffen, braucht es Arbeit, richtige Arbeit. Wenn Du eine Umarmung brauchst oder wenn Du jemanden brauchst, der Dich massiert oder wenn Du jemanden brauchst, der Dich hält oder wenn Du jemanden brauchst der Dir einen Pfannkuchen macht, egal ob Mann oder Frau, dann ist es wichtig, daß Du das sagst! Und wichtig dabei ist auch, daß Dir dabei klar ist, daß Dein Gegenüber erwachsen ist. Erwachsen sein bedeutet ‚Nein‘ sagen zu dürfen.

Du kannst sagen: „Ach Schatz, massiere mir doch bitte mal das Kreuz. Ich bin völlig kreuzlahm. Es tut mir alles weh.“ Sie kann sagen: „Nein. Tut mir leid, aber ich habe selbst einen harten Tag hinter mir. Ich habe viel mit den Kindern zu tun gehabt. Ich bin müde. Ich wollte jetzt eigentlich gern noch in die Badewanne gehen und dann schlafen. Vielleicht können wir gleich noch einen Tee zusammen trinken oder wir kuscheln einfach ein bißchen zusammen. Aber ich kann Dir keine Massage geben.“ Das ist völlig in Ordnung. Da lebt Beziehung. Ich sage mein Bedürfnis und der andere sagt sein Bedürfnis. Auf einmal entsteht etwas, wo wir uns als Erwachsene treffen können.

Oft äußern wir Wünsche gar nicht, weil wir Angst vor dem ‚Nein‘ haben. Hier gilt: ausprobieren.

76

Die Angst vor dem ‚Nein' existiert nur in Deinem Kopf. Es ist vielmehr oft so, daß, wenn Du mit einem tief gefühlten Wunsch, einem Bedürfnis, zu deinem Partner gehst und sagst: „Ich möchte Dich um etwas bitten," Dich Dein Partner viel bereitwilliger unterstützt, als Du es geglaubt hättest.

Vor einigen Jahren ging es mir nicht gut und ich hatte das Gefühl, ein paar Tage raus zu müssen. In meinem Denken war das nicht machbar. Ich habe dann eines meiner Trainings abgesagt. Das ging erstaunlicherweise schon ganz gut: Alle haben gesagt: Ja klar, sicher. Wir schaffen Ersatz, kein Problem. – Dann habe ich mir gedacht, wenn ich jetzt zu meiner Frau nach Hause gehe und ihr sage: „Ich möchte jetzt vier Tage weg!", dann sagt sie bestimmt: „Nein! Das geht nicht."

Ich bin nach Hause gekommen und habe zu ihr gesagt: „Wir müssen uns unterhalten. Ich war bei einer Heilpraktikerin und sie hat mir dringend empfohlen, einige Tage auszuspannen. Ich habe schon ein Training abgesagt, ich muß einfach raus." Sie hat mich gefragt: „Wann ist dein nächstes Training?" Ich habe geantwortet: „Donnerstag in einer Woche." Sie: „OK, tschüß bis Mittwoch." Mir ist der Unterkiefer runtergefallen. Ich hatte alles erwartet, nur das nicht. Das sind die Momente, in denen Du wirklich merkst, daß der andere Dich unterstützt und wirklich da ist, weil Du ein Bedürfnis äußerst und sagst: „Ich brauche das jetzt, das ist jetzt ganz wichtig".

Es hätte auch sein können, daß sie einfach ‚Nein' gesagt hätte. Dann hätten wir uns weiter unterhalten können, weil wir Beziehung geschaffen haben. Zum Beispiel: „Dann laß uns gucken. Wie wäre ein Tag?", und so weiter.

Wenn wir uns erlauben Bedürfnisse zu äußern, werden wir auch immer aufs neue mit unseren Ideen, Konzepten und Vorurteilen darüber konfrontiert, wie der Andere ist, denkt, fühlt. Wir werden feststellen, daß Hindernisse oft nur in unserem Kopf existieren und die Realität ganz anders ist.

Das ist der vierte Schritt: Deine Bedürfnisse ausdrücken.

Diese vier Schritte erlauben Dir das Dramadreieck zu verlassen und in Beziehung zu treten.

Schritte auf dem Weg in die lebendige Partnerschaft

Der erste Schritt: Verantwortlich sein

Es gibt eine Menge Wege, wie wir aus dem Desaster nicht gelebter oder nicht gut gelebter Beziehungen herauskommen können. Einige allgemeine Schritte sind zu beachten, die allen Wegen zugrunde liegen.

Der erste Schritt auf dem Weg ist, Verantwortung zu übernehmen für meinen Anteil an der Beziehung. Verantwortung hat nichts mit Schuld oder Verschulden, mit Bürde oder Last, mit Moral oder Norm zu tun. Verantwortung zu übernehmen und praktisch zu leben bedeutet, sich selbst in jeder Situation als den Verursacher zu erleben. Was heißt das genau?

Das heißt, immer zuerst mit der Frage: *,Wie habe ich das erschaffen und wie kann ich es zu einer guten Lösung bringen?'* zu arbeiten und nicht die Verantwortung beim anderen zu vermuten und sie auch dort zu suchen.

In dem Moment, in dem ich beginne, so mit der Welt umzugehen, erwerbe ich zwar keinen Freifahrtschein für ein bequemes Leben, aber ich rufe meine Kraft zu mir zurück. Ich gebe den Impuls, der sagt: Ich habe es satt, meine Kraft damit zu vergeuden, sinnlos andere Menschen anzuklagen und für das was ist, verantwortlich zu machen. Ich rufe meine Kraft zu mir zurück und setze sie ein, um von mir aus eine Lösung möglich zu machen. Ich kann zwar scheitern, wenn der andere nicht an einer Lösung interessiert ist, aber meine Kraft bleibt bei mir und ich kann ohne Vorwürfe zur nächsten Situation gehen.

So beginne ich, aus dem Kontext der Verantwortung heraus die neuen Situationen, denen ich begegne, eher als Möglichkeit zu erleben, denn als Last oder Fluch.

Der zweite Schritt:
Raus aus dem Dramadreieck

Verlasse das Dramadreieck mit den vier genannten Schritten.

Es kann Dir passieren, daß Deine Umwelt erst einmal befremdet reagiert. Du warst bisher in einem Gefüge eingebunden, wo jeder wußte, wie Du reagierst. Du warst berechenbar, planbar. Es gab keine Überraschungen. Wenn jemand zu Dir kam und Dir eine Geschichte erzählte, dann wußte dein Gegenüber, wie Du reagieren würdest. Es gab keine Variationen, keine Freiheit. Wenn Du jetzt auf einmal aber nicht mehr so reagierst und sagst: „Das mache ich nicht.", wenn Du Dich weigerst aus der ‚klassischen' Retter-Opfer-Täter-Position heraus zu reagieren, wirft das den anderen erst einmal auf sich zurück. Das mag er nicht. Ihm wird plötzlich ein liebes Spiel unmöglich, weil die Rolle des Gegenübers seine Rolle nicht mehr unterstützt. Damit muß er auch seine eigene Rolle im Spiel überdenken. Seine erste Reaktion könnte Ärger sein, Ablehnung, Erstaunen: „Was ist denn mit Dir los? Hast du einen schlechten Tag, oder was ist los?"

Mit der Zeit findet eine Veränderung statt und Du kommst in echte Beziehungen, weil Du die Dramen nicht mehr mitspielst. Unter Umständen verändert sich dadurch auch Deine Umgebung, Du beginnst neue, andere Menschen in Dein Leben einzuladen und es fängt an, richtig spannend zu werden.

Der dritte Schritt: Unterstütze Deinen Partner

Der dritte Punkt: Unterstütze Deinen Partner in dem, was er oder sie im Leben will.

Wir übersehen oft, wie wichtig das ist. Manchmal ist es so, daß die Vision meiner Partnerin oder meines Partners anders ist als meine eigene. Vielleicht möchte sie malen –

Du bist Ingenieur. Du hast keinen Sinn für die Malerei, sie erscheint Dir fremd, suspekt.

Ich erinnere mich an die Geschichte eines Paares: Sie war Malerin, wurde dann Mutter und blieb zu Hause. Ihre feste Überzeugung wurde: „Ich bin keine Malerin mehr. Ich kann nicht mehr malen. Das funktioniert nicht. Meine Sachen liegen und verstauben und ich kann das einfach nicht mehr." Er hielt die ganze Zeit diese Vision in sich aufrecht: „Du bist Malerin." Er hat ihr das auch immer wieder gesagt. „Ich höre was Du sagst, aber für mich bist Du immer noch die Malerin. Ich sehe Deine Bilder und ich weiß, daß das nicht verschwinden kann." Das ist über Jahre gegangen. Es war nicht dramatisch. Er hat es nur immer mal wieder gesagt und innerlich präsent gehalten. Irgendwann hat sie angefangen, wieder zu malen und hat gesagt: „Das ist das Größte, was Du je für mich gemacht hast. Du hast mir einen Teil meines Lebens zurückgegeben, weil Du einfach an mich und die Malerei geglaubt hast und mich in dem unterstützt hast, was ich gerne wollte. Mir selbst ist das fast entglitten: die Kinder haben mich so in Atem gehalten, daß da kein Raum mehr war für mein tiefes Sehnen nach der Malerei."

Erinnerst Du Dich noch an das Beispiel mit dem Choreographen in Amsterdam, ziemlich am Anfang des Buches? Wenn Dein Partner oder Deine Partnerin wirklich eine Vision hat vom Leben, ist es wichtig, daß Du sie oder ihn nicht klein machst und so etwas sagst wie: „So ein Blödsinn! Hör doch auf damit!" Oder gar: „Entweder ich oder deine Träume" (so konkret klingt es meistens nicht, eher heißt es mehr versteckt: ‚Du hast ja nie Zeit für mich‘ oder ‚Dein Beruf ist Dir ja wichtiger als ich‘).

Unterstütze einfach das, was ihm bzw. ihr wichtig ist. (Und wenn Du es trotz aller Bemühungen nicht kannst, überprüfe Dich rückhaltlos und ehrlich, inwieweit dieser Partner wirklich der richtige ist). Wenn Du jedoch Deinen Partner aus ganzem Herzen unterstützen kannst – mit allen Schwierigkeiten und Krisen die dazugehören – dann wirst Du im Gegenzug viel zurückbekommen, mehr als Du Dir vorstellen kannst.

Auf der anderen Seite ist es wichtig, gerade in diesem Zusammenhang, daß Du Deine eigene Vision vom Leben entwickelst und realisierst und Antworten auf Fragen findest, wie: Wofür will ich mich einsetzen, warum bin ich auf dieser Welt, was macht mich lebendig und froh, was treibt mich morgens aus dem Bett, wo liegt meine Kraft?

Es ist für jeden etwas anderes. Für den einen ist es soziale Arbeit, für den anderen ist es Kunst, für den dritten ist es Meditation, für den vierten der Vorsitz im Hundezüchterverein.

Ich kannte mal eine Trainerin, die eine Unmenge Geld verdiente. Sie leitete riesige Trainings mit zwei- bis dreihundert Teilnehmern. Eine Eigenheit hatte sie: Da sie eine Vielfliegerin war, kannte sie viele Flugplätze und deren sanitäre Einrichtungen. Sie hat sich auf jedem Flugplatz, auf dem ihr der sanitäre Zustand der Toiletten nicht gepaßt hat, Putzzeug geholt und die Toiletten geputzt. Das ist auch eine Form von Vision, denn sie sagte: „Ich will nicht auf so eine Toilette gehen und ich will auch nicht, daß jemand anderes auf so eine Toilette gehen muß, denn so etwas ist eine Beleidigung für den Menschen. Ich habe aber auch keine Lust irgendwo hinzulaufen und jemanden, der vielleicht schein bar weniger ist als ich, zu holen und zu sagen: ‚Du wirst dafür bezahlt und jetzt mach das mal.' Wozu? Ich habe oft Stunden Aufenthaltszeit, da kann ich doch die Toilette putzen." Als ich das das erste Mal gehört habe, dachte ich: ‚Die tickt nicht ganz richtig'. Irgendwann aber habe ich verstanden: Diese Frau hat eine Vision und eine bewundernswerte Integrität und Menschlichkeit.

Der vierte Schritt:
Alle Gefühle gelten

Alle Gefühle sind richtig.

Alle Gefühle dürfen gefühlt und kommuniziert werden. Es gibt nichts, aber auch gar nichts, was Du nicht kommunizieren dürftest, was Du nicht fühlen dürftest. Wir fühlen Trauer, Schmerz, Wut, Freude, Ausgelassenheit. Es ist alles da, das ganze Spektrum. Wir müssen uns nur erlauben, es wahrzunehmen. Und: Es gibt einen Lohn. Wenn wir uns wirklich einlassen auf das, was wir bisher nur mit unserem Denken angefaßt haben, öffnen sich Türen und wir können eintreten in unsere innere Schatzkammer und unsere Schätze bewundern: Nähe, Wärme, Geborgenheit, Herausforderung, Begegnung, Freude, Leid, Wut, Trauer, Lebendigkeit, Erfüllung. Kurz: ein Leben, das so lebendig ist, das Du das kaum noch aushältst.

Wir sind nicht auf dieser Welt, um grau und saftlos dahinzuschleichen, sondern wir sind hier, um etwas beizutragen, etwas zu wagen, uns zu entwickeln.

Beziehung ist das ideale Arbeitsfeld auf diesem Weg. Aber nur, wenn Du Dir erlaubst, wirklich Du selbst zu bleiben und nicht anfängst, Dich so mit dem anderen zu verbinden, daß nachher überhaupt nicht mehr erkennbar ist, wer wer ist.

Ich wünsche Dir eine Beziehung mit ihrer ganzen Breite und Fülle und den Anfängergeist eines Kindes, das laufen lernt und sich immer wieder – auch mit schmerzenden Knien – auf das Abenteuer einläßt, das vor ihm liegt.

Eine Art Nachwort

Unsere Welt hat sich im letztem Jahrzehnt drastisch verändert. Das ist deutlich zu sehen und zu spüren, wenn wir uns dem Bereich von Beziehung und Familie zuwenden. Explodierende Scheidungsraten, immer mehr alleinerziehende Mütter und Väter, zunehmende Verelendung von Kindern und Jugendlichen, Kriminalität und allgemeiner Werteverlust sprechen eine deutliche Sprache für den, der hören will. Sie sprechen von einer Welt, die sich in der Kälte des Materialismus verliert und dabei ganz das vergißt, was den eigentlichen Wert des Mensch-Seins ausmacht: warme, intensive Beziehungen, Partnerschaften voller Integrität und Intensität, Zusammenleben im Sinne von gegenseitigem Respekt und Würdigung des Andersseins des anderen.

Auf den vorherigen Seiten habe ich einiges beleuchtet, was Du bestimmt schon wußtest. Andererseits kann man auch bereits Gewußtes nicht oft genug hören, da es lange dauert, bis es sich vom nur Gewußten ins Handlungsbewußtsein verlagert und von dort aus beginnt, unser Leben aktiv zu gestalten. Um unsere Konditionierung und unsere

Bequemlichkeit zu überwinden, bedarf es aller Kräfte und Anstrengungen, derer wir fähig sind. Und es bedarf eines gewissen Durchhaltevermögens. Wenn Du mit den skizzierten Ideen zu arbeiten beginnst, kannst Du sicherlich keinen Erfolg innerhalb von zwei Wochen erwarten. Beziehung ist etwas, was der Pflege bedarf und sich in Jahren oder gar in Jahrzehnten mißt und nicht etwa in Kurzzeitintervallen.

Ich arbeite mittlerweile seit 18 Jahren in der Beratung und der Psychotherapie und verfüge über umfangreiche Erfahrungen in der Gruppen-, der Paar- und der Einzelarbeit. Ich bin seit 18 Jahren verheiratet und habe eine Tochter und drei Söhne. Wenn ich in dieser Zeit etwas gelernt habe, dann das:

Wir können das, was unser Potential ist, nur zur Entfaltung bringen, wenn wir mit anderen Menschen in Beziehung sind und uns von ihnen berühren lassen, sowohl körperlich als auch seelisch und psychisch.

Unsere Verantwortung als Mensch erfordert es, sich auf einen Weg zu begeben, der Risiken in sich birgt und nicht auf den vorgetrampelten Pfaden der Massen zu finden ist. Es ist ein Weg, den uns unsere Sehnsucht weist, ein Weg auf dem wir den anderen sehen als den, der er eigentlich ist: Ein Wesen, in dem der göttliche Funke glüht und das alle Möglichkeiten mitbringt, um ganz und gar Mensch zu werden. Die Tatsache, daß wir geboren wurden, bedeutet noch nicht zwingend, daß wir wirklich Menschen sind.

Solange Mütter es noch vorziehen, ihre Kinder nach den Maßstäben der „schwarzen Pädagogik" zu erziehen (,ein Klaps hat noch niemandem geschadet'), Väter sich mehr in ihrer Arbeit als mit ihren Kindern engagieren, solange Paare es noch vorziehen, die Abende vor dem Fernseher zu verbringen, anstatt miteinander zu sprechen und sich zu berühren, solange wir es uns noch gestatten, in unseren Heimen und unseren Köpfen eine Atmosphäre von allgemeiner Dumpfheit und Bewußtlosigkeit zu pflegen, solange sind die Chancen mehr als gering, die uns von Gott gegebenen Möglichkeiten zur Entfaltung zu bringen. Und wir werden immer Bettler bleiben am reich gedeckten Tisch der Schöpfung.

Wirklich Mensch werden bedeutet für mich, sich selbst mit allen seinen Facetten und Möglichkeiten zu belichten und auszuentwickeln, an seine Grenzen zu stoßen und darüber hinaus zu wachsen und zu riskieren, sich im Widerspruch zu befinden zur allgemeinen Fernseh- und Wegwerfmoral, zu den gängigen Klischees und zum herrschenden Zeitgeist.

Diese Aufgabe ist nur im Kontakt zu Dir selbst möglich und im rückhaltlosen Wagnis des Kontaktes mit einem ‚Du'.

Wenn sich das interessant anhört für Dich und Du Dich auf den Weg machen willst, sind wir schon (mindestens) zu zweit. Das freut mich.

Anhang I

Einige kleine Übungen, die Dir helfen können, Deinem Partner wieder näher zu rücken

Fünf Minuten ‚Ich über mich'

Setzt euch gegenüber.
Stellt einen Küchenwecker auf fünf Minuten ein.
Macht Augenkontakt. (Das heißt: Wirklich ansehen und nicht, z.B., hindurch- oder schräg vorbeischauen.) Einer

spricht jetzt im Augenkontakt fünf Minuten lang über sich. Darüber wie es ihm geht, was er fühlt, was ihn bewegt.

Der andere hört nur zu und hält dabei, auch wenn es schwer fällt, sein Gesicht ruhig und neutral.

Der Zuhörende geht auf nichts ein mit seiner Mimik, alles was er gibt ist totale Aufmerksamkeit, sonst nichts.

Nach fünf Minuten wird ohne Kommentar gewechselt und der andere spricht. Sei wachsam, daß, wenn Du sprichst, Du wirklich über Dich sprichst und nicht auf etwas antwortest, was der andere gesagt hat. Bleib bei Dir und sprich über Dich.

Sprecht nicht über die Übung, wenn sie vorbei ist.

Heute darfst Du bestimmen

Wähle einen Tag / einen Abend, an dem Dein Partner alles bestimmen darf, was geschehen soll. Du tust es einfach, ohne Murren, ohne Widerstand (und wenn Du Widerstand hast, dann machst Du ihn mit Dir selber aus und läßt den Partner nichts merken). In der folgenden Woche macht ihr es dann umgekehrt.

Für Männer: Aufmerksamkeit

Geh immer wieder zu ihr für 15, 20, oder 30 Minuten (auch gerne länger, aber nicht kürzer!). Setze Dich und schau ihr zu. Nimm kein Buch mit oder etwas zu arbeiten. Bündele Deine ganze Aufmerksamkeit und richte sie auf sie und das, was sie gerade tut. Am Anfang wird sie das befremdlich finden, aber nach einer Zeit wird sie es genießen und geradezu beginnen zu blühen.

Für Frauen: Liebevolle Anerkennung

Laß ihm Deine ganze Anerkennung zukommen, so als würdest Du ihn unter eine ‚Anerkennungsdusche‘ stellen. Wenn Du zu Hause bist und er arbeiten geht: Hast Du ihm schon mal gesagt, wie sehr Du es zu schätzen weißt, daß er arbeiten geht und Du zu Hause bleiben kannst bei den Kindern? (Wenn ihr beide arbeitet, wirst Du sicherlich etwas anderes finden, was Du an ihm anerkennen kannst.) Das ist die Art von Nahrung, die er braucht um sich gesehen und geliebt zu fühlen.

Anerkennung

Nehmt Euch immer mal wieder Zeit zwischendurch, um Euch gegenseitig anzuerkennen für das, was gut läuft, was ihr aneinander schätzt und mögt. Negative Kritik habt ihr genug füreinander. Was es braucht, ist die Stärkung der anderen, der positiven Seite.

Zuhören

Hör einfach zu, was er / sie zu sagen hat und halte den Mund. Wenn Du etwas dazu sagen willst, frage vorher, ob der andere etwas dazu hören möchte. Wenn die Antwort ‚nein‘ ist, verkneife es Dir ganz, egal wie genial (in deinen Augen) Dein Gedanke auch ist.

Feedback

Wenn Du Deinem Partner eine Rückmeldung, ein Feedback geben willst, frage ihn vorher, ob er das jetzt überhaupt will. Wenn ja, prima. Wenn nein, lass es einfach. Die Welt wird nicht untergehen davon.

Die wichtigsten Fragen und Sätze für eine funktionierende Beziehung

- Wie habe ich das erschaffen?
- Was kann ich für Dich tun?
- Der andere gibt immer sein Bestes!
- Von der anderen Seite sieht es anders aus.

Anhang II

Texte

Stufen

Wie jede Blüte welkt und jede Jugend
Dem Alter weicht, blüht jede Lebensstufe,
blüht jede Weisheit auch und jede Tugend
zu ihrer Zeit und darf nicht ewig dauern.
Es muß das Herz bei jedem Lebensrufe
Bereit zum Abschied sein und Neubeginne,
um sich in Tapferkeit und ohne Trauern
In andre, neue Bindungen zu geben.
Und jedem Anfang wohnt ein Zauber inne,
der uns beschützt und der uns hilft, zu leben.

Ich liebe Dich und was jetzt?

Wir sollten heiter Raum um Raum durchschreiten
An keinem wie an einer Heimat hängen,
der Weltgeist will nicht fesseln und nicht engen,
er will uns Stuf' um Stufe heben, weiten.
Kaum sind wir heimisch einem Lebenskreise
Und traulich eingewohnt, so droht Erschlaffen.
Nur wer bereit zu Aufbruch ist und Reise
Mag lähmender Gewöhnung sich entraffen.

Es wird vielleicht auch noch die Todesstunde
Uns neuen Räumen jung entgegen senden,
des Lebens Ruf an uns wird niemals enden …
wohlan denn Herz, nimm Abschied und gesunde!

HERMANN HESSE

Das Leben ist eine Chance
    nutze sie.
Das Leben ist Schönheit
    bewundere sie.
Das Leben ist Seligkeit
    genieße sie.
Das Leben ist ein Traum
    mach daraus Wirklichkeit.
Das Leben ist ein Herausforderung
    stelle Dich ihr.
Das Leben ist eine Pflicht
    erfülle sie.
Das Leben ist kostbar

geh' sorgfältig damit um.
Das Leben ist ein Spiel,
    spiele es.
Das Leben ist Reichtum
    bewahre ihn.
Das Leben ist Liebe
    erfreue Dich an ihr.
Das Leben ist ein Rätsel
    durchdringe es.
Das Leben ist ein Versprechen
    erfülle es.
Das Leben ist Traurigkeit
    überwinde sie.
Das Leben ist ein Hymne
    singe sie.
Das Leben ist ein Kampf
    akzeptiere ihn.
Das Leben ist eine Tragödie
    ringe mit ihr.
Das Leben ist ein Abenteuer
    wage es.
Das Leben ist Glück
    verdiene es.
Das Leben ist Leben
    verteidige es.

MUTTER TERESA VON KALKUTTA

Die Einladung

Es ist mir egal, was Du für Deinen Lebensunterhalt tust,
ich will wissen, wonach Du Dich sehnst,
und ob Du Dich traust,
den Sehnsüchten Deines Herzens zu begegnen.

Es ist mir egal, wie alt Du bist.
Ich will wissen, ob Du Dich traust, wie ein Dummkopf da-
zustehen
für die Liebe,
für Deinen Traum,
für das Abenteuer, lebendig zu sein.

Es interessiert mich nicht, welche Planeten mit Deinem
Mond
in Einklang stehen.
Ich will wissen, ob Du das Zentrum Deines eigenen
Schmerzes
berührt hast,
ob Du geöffnet wurdest durch die Betrügereien des Lebens
oder ob Du unruhig und verschlossen wurdest
aus Furcht vor weiterem Schmerz.
Ich will wissen, ob Du mit Deinem Schmerz dasitzen
kannst,
meinem und Deinem eigenen,
ohne den Versuch, ihn zu verbergen,
oder ihn zu leugnen,
oder ihn festzuhalten.
Ich will wissen, ob Du Freude haben kannst

meine und Deine eigene
und ob Du mit Wildheit tanzen kannst;
ob Du Dich bis zu den Fingerspitzen
und Zehen mit Ausgelassenheit füllen kannst
ohne uns zu ermahnen,
vorsichtig zu sein,
realistisch zu sein,
und uns an die Grenzen des menschlichen Daseins zu erinnern.

Es interessiert mich nicht, ob die Geschichte,
die Du mir erzählst,
wahr ist.

Ich will wissen, ob Du Dein Gegenüber enttäuschen kannst,
um Deine Ehrlichkeit nicht zu verlieren,
ob Du die Anschuldigung des Verrats ertragen kannst
und nicht deine eigene Seele verrätst;
ob Du ungläubig sein kannst und dafür vertrauenswürdig.

Ich will wissen, ob Du Schönheit sogar dann sehen kannst,
wenn etwas nicht jeden Tag schön ist
und ob Du den Ursprung Deines Lebens kennst.

Ich will wissen, ob Du mit Fehlern leben kannst,
mit Deinen und mit meinen
und ob Du noch am Rand des Sees stehen kannst,
und ‚Ja‘ schreien kannst zur silbrigen Scheibe des Voll-
mondes.

Es ist gleich, wo Du lebst oder
wieviel Geld Du hast.
Ich will wissen, ob Du aufstehen kannst nach einer Nacht
voller Trauer und Verzweiflung,
erschlagen und erschöpft bis auf die Knochen
und tun kannst, was nötig ist, um die Kinder zu versorgen.

Es interessiert mich nicht, wen Du kennst
oder wie Du hierher kamst.
Ich will wissen, ob Du in der Mitte des Feuers mit mir stehen
Und nicht zurückschrecken wirst.

Es interessiert mich nicht, wo oder was oder mit wem
du studiert hast.
Ich will wissen, was Dich von innen aufrechterhält,
wenn alles andere wegfällt.

Ich will wissen, ob Du mit Dir allein sein kannst
und ob Du Deine Gesellschaft erträgst,
im Moment deiner größten Einsamkeit.

ORIAH MOUNTAIN DREAMER
MAI 1994

Unsere größte Angst ist nicht, daß wir unzureichend sind.

Unsere größte Angst ist, daß wir kraftvoll jenseits aller Vorstellung sein könnten. Unser Glanz erschrickt uns, nicht unsere Dunkelheit.

Wir fragen uns ‚Wer bin ich schon, daß ich brillant, außergewöhnlich, talentiert und berühmt sein könnte?‘

Wer sollst Du eigentlich sein?

Du bist einfach ein Kind Gottes.

Wenn Du Dich klein machst, dienst Du nicht der Welt. Es ist keinesfalls ein Zeichen von Erleuchtung, wenn Du Dich klein machst und zusammenziehst, nur damit andere Menschen in
Deiner Umgebung sich nicht unsicher fühlen.

Wir wurden geboren, um Gottes Größe in uns zu verwirklichen. Diese Größe ist nicht nur in einigen von uns, sondern in jedem. Wenn wir unser Licht hell scheinen lassen, geben wir unbewußt anderen die Erlaubnis, das auch zu tun.

NELSON MANDELA

Empfehlungen des Dalai Lama

- Denk daran, daß große Liebe und große Ziele Risiken in sich bergen.

- Wenn Du verlierst, verliere nicht den Lerneffekt.

- Folge diesen Regeln;
  - Respekt für Dich selbst
  - Respekt für andere
  - Respekt und Verantwortung für alle Deine Handlungen

- Denk daran, daß etwas, was Du nicht bekommst, manchmal auch eine wunderbare Fügung des Schicksals sein kann.

- Lerne die Regeln, damit Du weißt, wie man sie richtig bricht.

- Wenn Du merkst, daß Du einen Fehler gemacht hast, unternimm unverzüglich etwas, um ihn zu korrigieren.

- Verbringe jeden Tag eine Zeit allein mit Dir selbst.

- Begegne Veränderungen mit offenen Armen, aber verliere dabei nicht Deine Wertmaßstäbe.

- Denke daran, daß Schweigen manchmal die beste Antwort ist.

- Lebe ein gutes, ehrbares Leben. Wenn Du älter wirst und zurückdenkst, wirst Du es ein zweites Mal genießen können.

- Eine freundliche Atmosphäre in Deinem Haus ist die beste Grundlage für Dein Leben.

- Wenn Du mit lieben Freunden streitest, beziehe Dich nur auf die aktuelle Situation. Laß die Vergangenheit ruhen.

- Teile Dein Wissen, so erlangst Du Unsterblichkeit.

- Sei freundlich zur Erde

- Besuche einmal im Jahr einen Ort, den Du nicht kennst.

- Denke daran, die beste Beziehung ist die, in der die Liebe für den anderen größer ist als das Verlangen nach dem anderen.

- Bewerte Deine Erfolge daran, was Du aufgeben muß-test, um sie zu erzielen.

- Widme Dich der Liebe und dem Kochen mit wagemu-tiger Sorglosigkeit.

Weiterführende Bücher

Bohnke / Gross	Der heilende Schmerz
Caldwell, Taylor	Das größte aber ist die Liebe
Gray, Martin	Der Schrei nach Leben
Grof, Stan	Das Abenteuer der Selbstentdeckung
Harris, Thomas	Ich bin OK Du bist OK
Höfner, Eleonore	Die Kunst der Ehezerrüttung
Hendriks, G+K	Liebe macht stark
Jackson, Deborah	Drei in einem Bett
Jellouschek, Hans / Kopp, Sheldon	Triffst Du Buddha unterwegs…
Kübler Ross, Elisab.	Über den Tod und das Leben danach
Lair / Lechler	Von mir aus nennt es Wahnsinn
Leboyer, Frederic	Geburt ohne Gewalt
Lozowick, Lee	Spirituelle Erziehung, Transformation von Liebe und Sexualität
Miller, Alice	Das verbannte Wissen
Myss, Caroline	Mut zur Heilung, Die Chakren

Ratuschinskaya, Ir.   Grau ist die Farbe der Hoffnung
Osten, Henning v. d.   Über Gott und die Welt
Reich, Wilhelm   Die Funktion des Orgasmus
Trungpa, Chögyam   Das Buch vom meditativen Leben
Walsh, Neale Donald   Gespräche mit Gott (erster Band)
Wilson, Colin   Gurdjieff – der Kampf gegen den
Schlaf

Weber, Gunthard   Zweierlei Glück (über Hellinger)
Wiili, Jörg   Die Zweierbeziehung

Danksagung

Ich danke allen, die an der Entstehung dieses Buches mit-
gewirkt haben, besonders Georg für seine Inspiration und
seine Zähigkeit und Sibylle für ihre Korrektur- und Layout-
arbeiten und den vielen Menschen mit denen ich in den
letzten 47 Jahren gemeinsam lernen durfte, was es heißt, ‚in
Beziehung' zu sein.

Ich danke meinen Eltern dafür, daß sie mir mein Leben
geschenkt haben und für mich da waren, egal was ich ‚aus-
gefressen' hatte.

Ich danke meiner Frau Anja dafür, daß sie mir Trost,
Herausforderung und Inspiration war und mich von Herzen unterstützt.

Ich danke meinen Kindern dafür, daß sie einfach so sind
wie sie sind und mir immer wieder zeigen was Unschuld
ist.

Ich danke meinem Lehrer Lee Lozowick dafür, daß er
mich auf einem Weg führt, der mich unaufhaltsam zu Gott
bringt.

Biographie

Claus Kostka wurde 1955 in Wuppertal geboren. Er ist verheiratet und Vater von 4 Kindern. Er lebt mit seiner Familie in Emmendingen und hat seine Praxis in Freiburg. Er

arbeitete in der Kinder- und Jugendpsychiatrie und in der Behindertenpädagogik. Nach einer Lehre als Tischler studierte er Kunsttherapie in Ottersberg mit dem Schwerpunkt Bildhauerei. In dieser Zeit bildete er sich in vielen körpertherapeutischen Methoden weiter. Neben einem Diplom in Kunsttherapie und einer Heilpraktikerzulassung für Psychotherapie ist er ‚European Certified Psychotherapist' und von verschiedenen Berufverbänden in seiner Arbeit anerkannt (Deutsche Gesellschaft für Körperpsychotherapie, Deutsche Gesellschaft für systemische Therapie und Familientherapie, Deutscher Dachverband für Psychotherapie, Internationale Arbeitsgemeinschaft systemische Lösungen, International Primal Association).

Seit rund 18 Jahren arbeitet er in freier Praxis. Seine Schwerpunkte sind die Atem- und Primärtherapie, die systemische Familientherapie, Familienaufstellungen und das Reparenting. Er arbeitet mit Einzelnen, Paaren und Gruppen in Deutschland, den USA und bald auch in Frankreich.

Ich liebe Dich und was jetzt? ist sein erstes Buch. Sein nächstes Buch über seine Arbeit als Atem- und Primärtherapeut ist in Arbeit.

Wer sich für seine Arbeit interessiert ist herzlich eingeladen, seine Homepage **www.clauskostka.de** zu besuchen oder bei Kerstin Martens ein Programm anzufordern unter der Telefonnummer (+49) – 07641 – 7963 (Stand 2003).